JN116792

スキルアップ

保育園・幼稚園で使える
カウンセリング・テクニック

諸富祥彦・大竹直子 / 編著

誠信書房

●はじめに

　保育の分野においてカウンセリングの学習の必要性が指摘されています。それはひとえに保育の現場がさまざまな問題を抱えているからにほかなりません。ではカウンセリングは保育現場でどのような問題についてどのように役に立つのでしょうか。

　ひとつは子どもの心へのかかわりです。かつてに比べて子どもの心の問題の現れ方が多様化してきました。発達上の問題が絡んでいるように思われる子どももいれば，親子関係における愛着の問題が大きいように思われるケースもたくさんあります。当然のことながら，保育現場にかかわる方々は，子どもたちが呈するさまざまな問題ごとに，また状況ごとに，異なった対応をしていかなくてはなりません。これまでの経験則だけでは何とも通用しがたくなってきています。カウンセリングを学んで心理学をベースとした子どもへのかかわりをしていくことの必要性が高まっています。

　二つ目のニーズは保護者とのかかわりです。保護者の抱えている悩みが多様化してきました。保護者はさまざまな子育て上の悩みを保育現場に持ち込みます。いったいどのように対応していけばいいのか，多くの保育現場では苦慮しています。明らかに問題を抱えているように見えるのに，何の問題も相談してくれず，保育者を避けているとしか思えない保護者の方も少なくありません。このような，なかなか関係の持ちにくい保護者とどのようにしてかかわりを持っていけばよいのでしょうか。

　三つ目が同僚とのかかわりです。チームの持ち方の難しさです。これは保育現場だけではなく多くの職場でそうですが，保育現場の抱える最も大きな悩みのひとつは職場での人間関係です。特に保育現場では2人3人の保育者がチームを組んで取り組んでいく場合が少なくありません。足並みが揃わなければさまざまなトラブルにもつながりかねません。そんな中でどのように同僚同士が関係をつくっていくか，かかわりが難しい同僚同士がどのように関係を形成していき，チームワークを発揮していくかが大きな問題となっているのです。

　つまるところ，保育現場の抱える問題の大半は「人間関係がかかわる問題」です。そしてその「人間関係がかかわる悩み」に解決のヒントを与えてくれるのが，カウンセリングのさまざまな技法に他なりません。この本は保育カウンセリングにおいて有益なカウンセリングの技法や，さまざまなケースに即した具体的な対応の方法について記したものです。演習問題なども設定してすぐに学習できるような構成になっています。ぜひお使いください。

2019年12月

諸富　祥彦

Contents

第4章 ● 保護者にかかわる保育カウンセリング ················ 93

第5章 ● 同僚の保育者と支え合うための保育カウンセリング ·········· 141

● 第 1 章 ●

保育カウンセリングの
基本的な考え

Chapter 1
Basic Approach

今，保育現場でカウンセリングが求められている

▶▶ Point

- ●保育者も保護者も「支援」を必要としている。支援のためには，カウンセリングの理論と実践が必要である
- ●よりよい保護者支援を行うためには「聴く力」が必要である
- ●カウンセリングを学ぶことは，保育者が経験から得ている「知恵」を活かすことにもつながる

　保育者は日々心を込めて仕事をしています。子どものために，保護者のために，誠実に向き合っています。保育者は，子どもを思い，保護者を思い，できる限りのサポートをしようと話を聴き，専門的な知識と経験をもって必要だと判断したことを伝えています。

　しかし保育現場では，保護者とのトラブルが生じることは多く，保護者とのかかわりに悩みや問題を抱える保育者は絶えません。心を込めた対応をしていても，子どもや保護者との関係がうまくいかないこと，解決できない課題や問題が起きているのです。

1　保育現場に求められる支援

　なぜ，保育現場は多くの悩みを抱えることになるのでしょうか。理由のひとつには，保育現場に求められる支援や保育者に求められる役割が多岐にわたることがあるように思われます。本来の仕事である子どもへの保育のほか，保護者への支援にも多くの時間とエネルギーを費やさざるを得ない状況があるでしょう。

　保育者が求められるニーズのひとつ目には「子育て支援」があります。子どもへのかかわり方についての相談，子どもの発達にかかわる相談，障がいにかかわる相談，病気や体質にかかわる相談など内容もさまざまです。子どもの健やかな育ちを保護者と一緒に支えるために，基本的な養育について指導的な支援をするケースもあります。

　また，「保護者や家族が抱える悩みへの支援」もあります。現代は，ひとり親家庭，外国籍の保護者など，家族のあり方も多様化しています。離婚を考えている保護者，妊娠中の保護者，精神疾患を抱えている保護者，発達障がいの傾向がある保護者，虐待の疑いがある保護者，貧困や DV など深刻な悩みを抱えている保護者もいます。本来は，福祉や医療などの専門機関に寄せられる相談ですが，こうした問題は子どもの生活と切り離すことはできず，一番身近な保育者に相談が持ち込まれることが多くあります。

「要望・クレームへの対応」もあります。保育園にはさまざまなルールがあります。それは，安全に生活するために必要なルールです。しかし，保護者にはさまざまな価値観があります。保育園のルールやお願いに対して，協力が難しい保護者もいます。また，保育園にはさまざまな子どもが生活しており，たとえば子ども同士のかかわり合いの中で怪我をすることもあります。どんな経験も大切な経験ですが，そのように理解する保護者だけではありません。

要望・クレームなどの主張をする保護者がいる一方で，なかなかコミュニケーションがとれない保護者もいます。大切な子どもを預かっている保育者としては，保護者に伝えたい，話し合いたい，確認したいことがいろいろとあります。しかし，話しかけてもなかなか向き合ってもらえない，なかなか連絡がとれない保護者もいます。電話，声かけ，連絡ノートなど，さまざまな工夫をしながら働きかけをすることには，多くの時間とエネルギーが必要です。

「気になる子ども」もいます。発達障がいが疑われる子ども，生活習慣がままならず集団生活になじめない子ども，言葉の理解が難しく行動できない子ども，遊びや子どもたちから孤立してしまう子どもなど，さまざまです。こうした「気になる子ども」への支援も保護者の理解と協力が必要になりますが，保護者に理解してもらうことも簡単ではありません。

2　「対応」から「支援」へ

このような状況の中，保育者の仕事は保護者に「連絡すること」「説明すること」「確認すること」だけではなく，「保護者の気持ちを聴き，気持ちを受け止め，寄り添い，一緒に考えていくこと」が求められるようになってきました。「対応」から「支援」へとニーズが変わってきたのです。

「支援」は相手を理解するところから始まります。「善意は善行にあらず」で，保育者の考えで支援を行うのではなく，保護者の気持ちや考えを聴き，理解し，一緒に考えながら行う必要があります。カウンセリングは，「相談者を正しく導くため」「悩みや問題をなくすため」「相手に代わって解決するため」のものではなく，悩んでいる人が，その人らしく問題と向き合うことが欠かせません。そのため，保育者には「聴く力」「寄り添う態度」が求められるのです。

さらに，保育者にとって最も守るべき存在，思いを大切にしたい存在は「子ども」です。結果として子どもにとって有益になる保護者支援になることが重要になるでしょう。保育者がかかわれるのは就学前までです。保育者がいなくても，親子で問題と向き合い，乗り越えていけるよう，子どもと保護者の主体性を大切に，サポートしていきたいものです。

3　「正しいこと」と「良いこと」は違う

また，保護者が行う「子育て」や保育者が行う「保育」「支援」には，「正解」がありません。保育の教科書や育児書に「これが正しい」と書いてあることでも，いつでも同じような結

果になるものではありません。その場の状況，子どもの特性・発達，保護者の考えや思い，保育者の持ち味などによっても，結果や効果は異なります。

　保育者の仕事は，「正しいこと」を同一に実践することよりも，常にその子ども（保護者）にとって「良いこと」「大切なこと」「必要なこと」を実践することが求められます。自分が「良い」と思うことではなく，子どもにとって「良い」ことを模索し，そのために感じ，考え，話し合い，かかわっていくことが必要です。

4　保育者には経験から得ている「知恵」がある

　保育者には，子どもの健やかな育ちを願う「心」があります。また，日々の保育者としての経験から得た「知恵」があります。何気なく判断し，行動している中にも「コツ」をもち，「大切なポイント」を踏まえて進めていることも多くあります。これらは，経験から得ている知恵なのです。

　しかし保育者たちの中には，日々の忙しさ，求められる支援の複雑さや難しさに翻弄されて，自分の中にある「知恵」を活かしきれずにいる場合もあります。せっかくもっている知恵を「知恵」とは知らずに，活用できずにいることもあるでしょう。

5　保育者がカウンセリングを学ぶことの意義

　すでにカウンセリングを学んだ保育者の先生方からは，「これがカウンセリングの理論だとは知らずに，私は実践していました」「ずっと『これでいいのかな？』と思いながら保護者支援をしてきたけれど，カウンセリングを学んでみて『これでいいのだ！』『自分のやり方にはこんな意味があったのだ』ということがわかり，安心して子どもや保護者とかかわれるようになりました」「保育カウンセリングを学んで，自分らしく保育することができるようになりました」などの声が聞かれます。

　保育者は，カウンセリングを学ぶことによって「すでに経験から知っている知恵」「実践の中から得た経験」をカウンセリングの理論をもとにとらえ直し，確認し，そこから気づいたことを保育の実践に活かすことができるようです。

　すべての保育者がすでにもっている「知恵」や「経験」を大切に日々の保育につなげていけるために，また自分らしく保育ができるために，保育カウンセリングを学ぶことには意義があると考えられます。

■参考・引用文献
大竹直子（2014）．やさしく学べる保育カウンセリング．金子書房．

II 保育カウンセリングとは

▶▶ **Point**

● 保育カウンセリングの目的は，「問題解決」より「自己成長」である
● 保育カウンセリグの実践で大切なことは，安心できる関係づくりである
● 「三つの枠」で保護者と保育者の関係を守る

　保育カウンセリングとは，「保育の実践者が行うカウンセリング」です。保育者が日常的・継続的に行う実践の中に，カウンセリングの理論や技法を活かす「保育者だからこそできる」「保育者にしかできない」カウンセリングです。

　保育者が，子ども，保護者，同僚との日々のかかわりの中でカウンセリングを活かすこと，カウンセリングの考え方や態度をもって生活することで，安心できる環境や人間関係を築きます。「安心できる」関係の中で，子どもや保護者，保育者がさまざまな経験を重ねることは，心の成長を促進することにつながります。

　このような保育カウンセリングは，心理学におけるカウンセリングの諸理論においては，どこに位置づけられるのでしょうか。

1　カウンセリングの三つのアプローチ

　カウンセリングの理論やアプローチは，「人間観」や「悩みや問題との向き合い方（態度）」が異なり，大きく次の三つのアプローチに分けられます（諸富，2010）。

（1）「過去から解放するアプローチ」（力動心理学）

　ひとつ目のアプローチの代表的な理論は，フロイト（Sigmund Freud）によって創始された精神分析理論です。この理論では，人が抱える心の症状などは，トラウマ（心的外傷・過去についた心の傷）へのとらわれから生じていると考えます。そのため，現在の悩みを解決するために，悩みの根源を過去（特に幼少期）にさかのぼって探していきます。心の傷となるような不快な出来事や感情は，心の安定を図るために無意識に押し込まれ（抑圧され），症状だけが引き起こされると考えます。そのため，無意識を意識化することによって，過去のとらわれから解放することを目指すのです。この理論はその後，対象関係論などへと発展しています。

（2）練習するアプローチ（行動主義心理学）

　二つ目は，ワトソン（John Broadus Watson）の行動主義から出発する理論です。このア

プローチは，過去から解放されるアプローチのように目に見えない心の世界を対象とするのではなく，目に見える「行動」や「もののとらえ方（認知）」を対象にアプローチしていきます。「練習する」ことによって，悩みや問題となっている行動の解決や改善を目指すのです。

　この理論は，もともとは動物の行動研究から生まれました。その後，行動療法，認知療法，論理療法，認知行動療法などに発展しています。

（3）気づきと学びのアプローチ（人間性心理学）

　三つ目は，マズロー（Abraham Harold Maslow）の自己実現論，ロジャーズ（Carl Ransom Rogers）のクライアント中心療法を代表とするアプローチです。

　カウンセリングの歴史はもともと，前述した①「過去から解放するアプローチ」と，②「練習するアプローチ」が主流でした。しかし1960年代に，①②のアプローチを補うようなかたちで，第三の潮流「気づきと学びのアプローチ」（人間性心理学）が登場したのです。

　この第三のアプローチでは，「人間は，より成長しようという自己実現に向かっている存在である」（マズロー）と考え，「自分らしく生きること」「主体的に生きること」を大切にします。私たちが抱える悩みや問題は，自己成長に必要なことに気づかせてくれる，学びのチャンスであると考えるのです。

　そのためカウンセラーは，相談者が悩みや問題と自分らしく向き合えることを大事にします。問題解決を目指しながらも，それ以上に「自己成長」「自己実現」へのプロセスを大切にするのがこのアプローチです。

2　保育カウンセリングの位置づけ

　保育カウンセリングは，これらのカウンセリングのアプローチの中で，三つ目の「気づきと学びのアプローチ」に位置づけられると考えられます。

　もちろん，保育者が精神分析や行動療法の考え方や技法を学ぶことで役立つことはたくさんあるでしょう。しかし，育ちゆく子どもたち，子育てに不安を抱えながらもがんばっている保護者をサポートするとき，大切になるのは，保育者が子どもと保護者の心に寄り添い，自己成長に向かうプロセスをサポートしていく「気づきと学びのアプローチ」の態度です。

3　保育カウンセリングという実践

　保育カウンセリングは，「人間性心理学」（気づきと学びのアプローチ）の理論や姿勢を土台にしながら，保育者が「子ども」「保護者」「同僚」と安心できる関係を築き，寄り添い，自己成長を支援していく実践です。「『保育』『カウンセリング』」では，二つの異なる専門を実践していきますが，カウンセリングの考え方は，決して保育の理論や哲学に遠いものではありません。

（1）「保育」とは

保育は，子どもが潜在的にもつ「育ち」の力を見守り，社会で生きていく力を養えるよう，さまざまな関係性の中で「育む」営みです。そして，子どもを取り巻く家族や子ども同士のつながりを支え，関係性の中で「育ち合える」よう子どもを見守り，環境を整える実践です。

保育者は，子どもの心の土台をつくる一番大切な時期に，密接に子どもにかかわります。保育者の仕事は「子どもの人生の土台を支える仕事」であり「子どもの心を育てる仕事」と言っても過言ではないでしょう。

（2）「カウンセリング」とは

「カウンセリング」とは，カウンセラーと相談者との，主に言語的コミュニケーションを通して，相談者が自己理解し，自己洞察を深め，そして自ら選択し，自己決定していくプロセスを援助することです。カウンセラーは，あくまでも相談者の「お手伝い」「援助者」です。決して「あなたの問題点は〜です」などと，カウンセラーの価値観で問題を指摘したり，「あなたは〜すべきです」「〜してください」と問題解決に向けて指示したりするものではありません。

人は悩んでいるとき，現実と心との間で葛藤し身動きがとれなくなったり，自分を見失いかけたりします。カウンセリングでは，そうした相談者が自分と向き合い，自分らしく一歩を踏み出せるように寄り添います。「1人で悩むのではなく，2人で悩む。けれど，どちらに進むのか決めていくのは相談者自身。カウンセラーは同行者でしかない」というイメージです。

（3）「保育」と「カウンセリング」の接点

「保育」も「カウンセリング」も，どちらも相手（子どもや相談者）がもつ「成長に向かっていく力」を信じ，受容し，寄り添うことが土台となっています。保育の仕方や人生における選択には，正解がありませんし，答えがひとつしかないということはありません。

「正しいこと」と「良いこと」は違います。その状況に応じて，その人に応じて，関係性に応じて，常に「何が良いのか」「何が大切か」を感じ，考えながら向き合っていくことが，保育にもカウンセリングにも求められています。

「保育」と「カウンセリング」という二つの専門を学ぶことにより，人が人との間で育つということ，悩むということ，自分らしく生きていくということへの理解が深まることでしょう。そのような学びと経験が，より豊かな保育の実践へとつながると考えられます。

4 保育カウンセリングにおける「三つの枠組み」

保育者が実践する「保育カウンセリング」の中には，「保育」の中でカウンセリング・マインドを活かす実践と，保育現場の中で保育者が「カウンセリング」をする実践（たとえば，保

護者への個別面接などの実践）があります。

　後者の個別面接のような「カウンセリング」を軸にした実践の際に必要になってくるのは，カウンセリングにおける「三つの枠組み」です。これは，話し手（たとえば保護者）と聴き手（保育者）がほどよい距離感を保ち，安心できる関係性を築きながら気持ちと向き合っていくために大切です。

（1）時間の枠

　通常のカウンセリングでは，たとえば週に一度，1回50分などの時間の枠組みがあります。保育園で保護者と面接をするときにも，1回30〜60分，どんなに長くても90分は越えないことが大切です。時間が長いと，話が迷子になったり，感情を表出し過ぎたりすることがあるでしょう。すると，話し終わった後で後悔したり，不安になったり，怒りの感情になることもあります。それは，保育者との関係性や信頼関係に影響を及ぼすことにもなりかねません。

　時間の枠を守るためには，面接の約束をするときに，たとえば「14時にお待ちしております」などとスタート時間だけを伝えるのではなく，「14時から15時まで時間をおとりしておきます」などと，終わりの時間も伝えておくとよいでしょう。当日，面接がスタートするときにも「お忙しい中ありがとうございます。15時まで時間がありますので，よろしくお願いいたします」などと伝えられるとさらによいでしょう。終わり時間10分前になったら「あと10分ほどでお時間になってしまうのですが……」と言葉にすると，終わりに向かいやすくなります。

（2）場所の枠

　保護者に安心して気持ちを語っていただくためには，声の漏れない，人目に触れない「守られた空間」で会うことが大切です。室温がほどよいこと，整理整頓された落ち着いた場所であると居心地がよいでしょう。また，お花や植物などがあると，さらにホッとできるでしょう。

　座る位置や距離も大切です。正面に向き合って座るよりも，90〜120度くらいの角度で座るようにしましょう（立ち話のときも，この角度を意識すると関係が築きやすいです）。

　また，保護者との面接は園の中でのみ行うようにしましょう。喫茶店で会うことや，勤務時間外に個人電話でやりとりをすることも控えることが必要です。

（3）秘密厳守

　「話した内容は外に漏れないこと」「秘密を守ってもらえること」が保障されることによって，相談者は安心して自分の気持ちを語ることが可能になります。また，秘密が守られることによって，保育者との安心感や信頼関係につながります。

5 保育カウンセリングのプロセス

　保育カウンセリングでは，１回の面接が30〜60分ほどであることを先に述べました。保育現場での面接では，１回のみで終わる相談もあれば，継続的な相談もあります。保護者のペースに合わせつつも，決められた時間の中で，話し手が自分と向き合える時間を過ごしていただくために，どのようなプロセスをたどるとよいでしょうか。

　聴き手が話し手と安心できる関係を築き，話し手のペースに寄り添えるとき，次のような流れ（三つの段階）を意識できるとよいでしょう（国分康孝先生の「コーヒーカップ方式」〈1979〉を参考にしています）。

（1）第１段階：関係づくり

　面接は「関係づくり」から始まります。日常的に顔を合わせている保護者との面接であっても，守られた空間で個別に会うのは特別な時間です。あらためて関係づくりをするような気持ちで臨みましょう。

　多くの場合，面接のスタートは「現実世界」の話からスタートします（図１−１）。最近の状況，気になる出来事，心配事などについて，保護者（話し手）は言葉にしていくでしょう。このとき，聴き手である保育者は，安心できる雰囲気を醸し出し，保護者の気持ちをていねいに受け容れながら聴きましょう。保護者に「先生は私の身になって話を聴いてくれている」「子どもや私の気持ちに寄り添ってくれている」という安心感，信頼感を感じてもらえるよう，ていねいに傾聴していきます。

　このようなかかわりの中で「関係づくり」ができてくると，話し手は少しずつ，現実世界の話から内面世界（気持ち，心の様相）に向かって言葉にしていくようになります。逆に，信頼と安心が感じられないと自分の気持ちを表出することができず，話し手は次の「自分と向き合

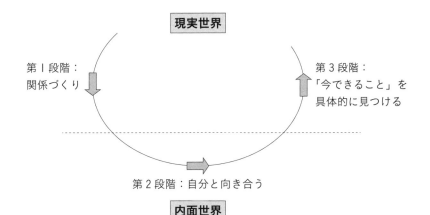

図１−１　カウンセリングの流れ（プロセス）

う」段階に進むことが難しくなってしまいます。

（2）第2段階：自分と向き合う

「関係づくり」（第1段階）ができると，話し手は次第に，より自分の気持ちの深いところを言葉にしていくようになります。内面の世界，つまり自分の気持ちを感じつつ，自分の心の声を聴くように向き合っていくのです。悩みの本質に近づいたり，大切なことに気づいたりする時間です。

ここがカウンセリングの山場です。このとき聴き手は，話し手のペースとプロセスを大切に傾聴していきます。「何を言うか（Doing）」ではなく「心を込めて，そこにいる（Being）」ことを大切にしましょう。

（3）第3段階：「今，できること」を具体的に見つける

第2段階において，自分と向き合うこと，大切なことに気づくことができたら，カウンセリングのプロセスは「内的世界」から「現実世界」に向けて進みます（図1-1）。自分と向き合うことで気づいたことを踏まえて「今，できることには何があるか」「今，大切なことって何だろう」と，現実世界でできることを具体的に考えていくのです。

たとえば，第1段階で「お片づけができない子どもにイライラする」と話したお母さんが，第2段階で「子育てにプレッシャーを感じていた。子どもにできないことがあると，自分の育て方が悪いと焦り，イライラになっていた」ことに気づいたなら，第3段階で「子育てを楽しむために，今できることには何かあるでしょうか」と問いかけます。お母さんが，「絵本を読んであげたとき，子どもがすごく喜んで，私も楽しかった。子どもと一緒に絵本を読む時間をつくりたいと思います」と言ったならば，応援する気持ちを伝えます。「それをされてみてどうだったか，また聴かせてくださいね」と次回の面接につなげるのもよいでしょう。

大切なことは，保護者に「今日は，先生とお話ができてよかったなぁ」と思っていただくことでしょう。保護者と保育者との関係は，1回の面接で終わるのではなく，継続的なものだからです。そのためには，解決を急ぐのではなく，保護者の心のペースとプロセスを大切に寄り添えるとよいでしょう。

■参考・引用文献
國分康孝（1979）．カウンセリングの技法．誠信書房．
諸富祥彦（2010）．はじめてのカウンセリング入門（下）――ほんものの傾聴を学ぶ．誠信書房．
大竹直子（2014）．やさしく学べる保育カウンセリング．金子書房．

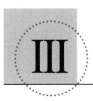

III よい関係をつくるために

▶▶かかわりの **Point**

- 価値観の違いはあって当然。話を聴き，相手の価値観を理解しよう
- 「どう解決するか」より「どう理解するか」を大切にしよう
- 保育者の「心の安定」「安心感」は，「子どもの成長」「保育園の成長」につながる

1 みんなそれぞれの価値観がある

　私たちには個々の価値観があります。育ってきた環境や年代が違えば習慣にも違いが出てきますし，出会ってきた人やしてきた経験によっても「価値観」は異なるでしょう。一見，理解できないと感じる他者の価値観でも，じっくり話を聴いてみると，「なるほどなぁ。そういう考えもあるなぁ」と考えさせられることは多いものです。その人にはそう考える背景や理由があるからです。価値観は「正しい」「間違えている」と一概に言えず，その人にはその人なりの，そう考える理由や背景があります。

　保護者も，一人ひとり価値観が違います。たとえば，運動会の駆けっこで，一等賞をとった我が子に喜びを感じる保護者もいれば，転んだお友だちに優しく手を差し伸べている我が子に喜びを感じる保護者もいるでしょう。保育者同士も同様です。お片づけの時間になったとき，子どもが気持ちを切り替えて片づけをするように「さあ，片づけましょう！」と声をかけている保育者もいれば，遊びの余韻を残して「楽しかったね，明日も遊ぼうね」と声をかけながら，子どものペースで片づけるのを見守る保育者もいるかもしれません。どの保護者も，どの保育者も，それぞれに大切にしていることがあり，子どもや保育に対する思いや考えがあります。

　「図1-2」は，保育者と保護者の関係を図にしたものです。保育者と保護者の関係は，常に真ん中に「子ども」がいる三者関係です。

　子どもは，保育園では保育者の価値観で，家では保護者の価値観で育てられています。たとえば食事のとき，保育者は子どもに「できれば好き嫌いなく，楽しく食事をしてほしい」という思いでかかわっているかもしれません。しかし，家で保護者は「好きなものだけでもいいから，たくさん食べてほしい」とか「お行儀が大切」という考えで子どもにかかわっているかもしれません。そうなると，保育者と保護者の価値観には「ズレ」が生じています。

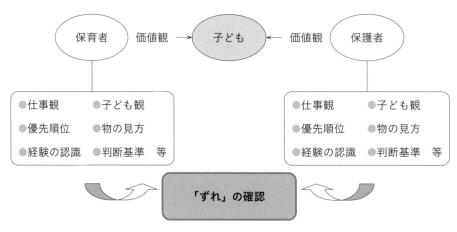

図1-2　保育者と保護者との関係

2　価値観のズレを「関係性のズレ」にしない

　このように「価値観の違い」はあって当然なのですが，そのことに無自覚でいると，つい私たちは，自分の価値観が「正しい」「当然」と考えがちになります。そして，つい自分の価値観を相手に押しつけたり，相手を諭したくなったりします。先ほどの食事の例では，保護者が保育者に「（子どもには）好きなものだけを食べさせてください」と言ったとき，保育者は「好き嫌いなく食事をするのが良いに決まっているのに，お母さんの考えは間違えている」と考え，保護者の思いを聴く前に「身体が育つ大切な時期ですから，バランスよく食事をするように心がけてください」と正論をぶつけてしまうかもしれません。

　人間の心は，相手の主張が正論だったとしても，その人が「私の価値観が正しい」と言わんばかりに押しつけてくると，「そうではない価値観だってある」ということを主張したくなる心理が働きます。そして，それがクレームや怒りという表現になることも多いのです。つまり，「価値観のズレ」があるのに無自覚に自分の価値観を押し通してしまうと，「関係性のズレ」になってしまうのです。

3　大切なことは理解すること

そのため，次のことを踏まえて話し合えるとよいでしょう。

Step 1：「人はそれぞれ違った価値観がある」ことを理解しておく

Step 2：相手の価値観，考え方を理解できるように話を聴く

Step 3：「相手の価値観」と「自分の価値観」の違いに気づく

Step 4：それぞれの価値観を理解したうえで，「子どもにとって何がよいか」「よりよい

　保育者と保護者で，価値観や考え方に違いがあっても，「子どもをよりよく育てたい」思いは共通です。その共通点を軸に考えていけると，互いに歩み寄り，折り合いをつけていくことができるでしょう。そしてそうしたかかわりが，一緒に子どもを育てるパートナーシップを育てます。

4　自分を知る

　相手を「理解すること」「尊重しながら話し合いをしていくこと」を実践するためには，「自己理解」が欠かせません。なぜなら私たちは，相手を理解する際には「自分の価値観」「自分のフィルター」を通して相手をとらえていくからです。

　また，保育の理論や，カウンセリングの理論・技法を学んだとしても，それは「私」を通して実践されていきます。同じ理論や技法を学んでも，それを学び実践する人の「その人らしさ」が反映されていくものです。

　子どもの心は，心を求め，心とつながり，心で受け取ります。保育者がもつ「理論」ではなく「保育者の心」を求め，受け取っています。そのため，保育者が「自分はどんな人間であるのか」「自分は何を大切にしているのか」など，自己理解を深めることは大切です。

　「私の価値観」に気づくために，次のような問いかけをしてみるとよいでしょう。

- ●私が生きていくうえで大切にしていることには何があるだろう？
- ●私が保育において，大切にしたいこと（大切にしていること）は何だろう？
- ●私はどんな保育者を目指しているだろう？
- ●私が保育者として，子ども（保護者）に伝えたいこと，実践したいことは何だろう？
- ●日々の仕事の中で「楽しいな」「嬉しいな」とやりがいを感じていることは何だろう？

5　自己理解が他者理解に，他者理解が自己理解につながる

　自己理解をするとき，「自分の思い込みで自己理解を進めない」ことも大切でしょう。自分に自信がないときには，なおさら自分のうまくいっていない部分に目がいき「自分はだめな存在」に思えてしまうからです。

　自分がもっている「自己イメージ」（私はこういう人間，というイメージ）は，私たちの行動に大きくかかわっています。つまり「自己イメージのように行動してしまう」特性を私たちはもっているのです。「私は人間関係が苦手だ」という自己イメージをもっている人は，人間関係が苦手なように行動をしています。逆に，同じ状態でも「私はすぐに仲良くなるタイプで

はないけれど，ゆっくりていねいに関係性を築いていくタイプ」という自己イメージをもっていると，そのように自分の特性をプラスに活かすことができます。

　このように，自分の思い込みから抜け出し，自分の持ち味を客観的にとらえていくために助けになるのが「他者」の存在です。他者から見えている自分をフィードバックしてもらうことで自己理解が深まることがあるでしょう。同時に，「そのような見方（感じ方）をしてくれている他者」への理解も深まるでしょう。コミュニケーションをとることは，自己理解と他者理解を深め，気づきと学びの機会になります。

6　保育者の「自己成長」は「園の成長」につながる

　このように，自己理解と他者理解は双方に働き合っています。同様に，保育者が子ども（保護者）と向き合うことは，保育者が自分自身と向き合うことにもつながっています。保育者が子どもの成長，保護者の成長を大切に思い，サポートすることは，保育者自身の成長になっていくのです。

　子どもの成長，特に心の成長においては「安心感」が欠かせません。園とは「成長できる場所」であるからこそ，まずは一人ひとりの保育者が自分自身の「安心」「心の安定」を大切にして，安心できる保育者同士の人間関係を築くことができるとよいでしょう。保育者同士の関係性から漂う空気は，そのまま園の雰囲気へとつながります。そして，そこで過ごす子どもたちに反映され，そこにかかわる保護者へと伝わっていきます。

　「安心していること」「安心できる関係と場があること」は，これほどまでに重要です。保育者は，子どもや保護者を思う気持ちから，つい自分を後回しにしてしまいますが，子どものためにも，保育者の身体や心を健やかに，「安心していること」を大切にできるように願っています。

　あなたの価値観について考えてみましょう。「保育において大事にしたいこと」「どんな子ども（人間）に育てたいか」「私にとっての仕事とは」等（13頁「問いかけ」参照），①ワークシートに書き，②４人一組で，③ひとり３分ずつ話してください。その後，全体でシェアリングをします。

■参考・引用文献
大竹直子（2014）．やさしく学べる保育カウンセリング．金子書房．
植草伸之（2004）．子ども理解の「ずれ」を生かした新たな協力関係の構築．諸富祥彦・植草伸之（編），保護者とうまくつきあう40のコツ．教育開発研究所．

IV 傾　聴
——保育者が寄り添うということ

▶▶かかわりの **Point**

● 自分の価値観は横に置き，相談者の「あるがまま」を受け容れよう

● 解決を急がないようにしよう。大切なことは「理解」すること

● 他者を受容するためにも，まずは自分を受容しよう

1　保育者の聴く力が求められている

　保育者と保護者は，一緒に子どもを育てている仲間です。そのため，コミュニケーションが欠かせません。コミュニケーションには，「聞くこと」と「伝えること」の両方がありますが，保育者には「聞くこと」がより求められています。多くの保護者は，保育者に対して「先生の意見を言ってほしい」と思うより，「母親である私の考えをわかってほしい」「私の気持ちを聞いてほしい」と思っていることが多いからです。

　保護者が何を大切に子どもを育てているのか，どのような思いで子どもにかかわっているのかなど，保護者の思いを聴いてみることが理解への第一歩になります。

2　三つの「わかる」

　私たちは，相手の話を聞くとき，相手をわかろうとして話を聞きます。「わかる」には次の三つがあります。

①解る…相手についての知識を得ること，全体を分解して解ること。

②判る…相手を判断する判り方。評価やタイプ分けをすること。

③分かる…分かち合うというわかり方。その人をあるがまま受け容れ（受容），
　　　　　その人の在りように沿うこと（共感）。

(広瀬, 1997)

　①の「解る」は，たとえば「ハナコちゃんは3歳です。お父さん，お母さん，ハナコちゃん，弟の4人家族です。1年前，大阪から東京に引っ越してきました。保育園から車で10分のところに住んでいます」など，その人についての知識，情報を得る解り方です。

　②の「判る」は，たとえば「ハナコちゃんは，他の子どもよりも体の成長が早いです。室内

での遊びよりも，外で遊ぶことが得意です」のように，他の子どもと比べて，一般的に見て，または保育者の経験から判断して「こんな傾向にある」「こんなタイプ」などと判断する判り方です。

「①解る」も「②判る」も，保育園においては大切な「わかる」ですが，保育カウンセリングにおいて，最も大切になるのが「③分かる」になります。

「③分かる」は，分解したり，判断したりせずに「あるがまま」をわかろうとする分かり方です。ハナコちゃんという存在を，情報や他の子どもとの比較からとらえるのではなく，ハナコちゃんと一緒に過ごす中で感じられる感覚や気持ちを大切にします。あるがままのハナコちゃんを受け容れよう，認めようとするわかり方です。

3　「あるがまま」をわかろうとするとは

たとえば，「子どもが言うことをきかない」ことに悩むお母さんがいたとします。お母さんが仕事で疲れているとき，家事で忙しいときに限って，子どもは「イヤイヤ！」と始めます。すると，心に余裕のないお母さんは，つい子どもを怒鳴ってしまう。すると，ますます子どもは泣き叫ぶ。お母さんもどうしていいかわからず，感情を子どもにぶつけてしまう。泣いている子どもを見て，「やってしまった。私はだめな母親だわ」と自分を責めながらも，毎日このようなことを繰り返してしまう——そのような中で悩んでいるお母さんが，保育者に「感情をぶつけるのは良くないことだとわかっているのに，カーッとなると自分の感情のコントロールがきかなくなってしまう。どうしたらいいでしょう」と相談したとします。

「解る」や「判る」で，保育者がお母さんの話を聞いていくと，保育者は「毎日感情をぶつけているのだな。それは良くないな」「お母さん，かなりストレスがたまっているようだな。発散したらよいのに」「子どもは２歳でイヤイヤ期なのだから，仕方がないのに。お母さんにもっと子どもの気持ちをわかってほしい」などと，「ここがよくない」「こうしたらいいのに」と問題指摘やアドバイスをしたい気持ちで聞いてしまうかもしれません。

そのようなとき，保育者が保護者に問題指摘をしたりアドバイスしたりすることも，無意味ではないかもしれません。しかし，人が悩んでいるときには，さまざまな感情が入り混じり，葛藤をしています。心にはプロセスがあり，出来事や気持ちを語り，聴いてもらうことで自らの気持ちが整理され，そのあとで「今，必要なことは何か」と未来に向けて考えていくことが可能になります。

そのためお母さんは，自分の心の中に混沌とある，たとえば「子どもに心の傷を与えてしまっているのではないか」という不安，「本当は，心に余裕をもって子どもに接したいのに。仕事が忙しくて，子どもに申し訳なく思う」という自分を責める気持ち，「子育て，仕事，家事……どうして私だけがこんなに忙しいのだろう」という戸惑いなど，まずは心の中にある気持ちを語り受け止めてもらうことで「どうしていったらよいのか」を考えることができるので

す。

　また，言葉で語っていることは，気持ちの一部分にすぎません。わかったつもりにならず，話し手のプロセスとペースを尊重しながら聴いていけるよう，解決を急がず，寄り添うことが大切です。

4　受　容

　このように，話し手が語る言葉や気持ちを，分解したり，判断したりせずに，分かろうとしながら，ていねいに寄り添い，あるがままを認めていくことを「受容」といいます。「不安なのですね」「つらい気持ちなのですね」と，聴き手は，話し手の思いや考えを肯定したり否定したりせず（自分の価値観でジャッジをせず）に，あるがままを認め，受け止めていくのです。

　「受容」は，受容しているように「見せること」が大切なのではありません。「悲しいのですね」と受容しているかのように言いながら，心の中では「そこがだめだな」「こうしたらいいのに」と思っていれば，それは必ず相手に伝わります。聴く技術やスキルとして「受容をする」よりも，聴き手の態度や姿勢が受容的であることが重要です。

　また，「受容」は，聴き手が話し手の意見や価値観に「賛同する」ことでもありません。話し手の中にある，どんな気持ちも，評価をせず，そのまま「（そのような）気持ちがある」ことを認めていくことです。そう思わずにいられない心の言い分に耳を傾けるような気持ちで，受容していくことが大切です。

（1）自己受容＝他者受容

　受容には「自己受容」と「他者受容」があります。自己受容とは自分を受容することで，他者受容は他者を受容することです。この自己受容と他者受容は「自己受容＝他者受容」と言われています。

　「自己受容＝他者受容」から言えることには，次のようなことがあります。

> ①他者に受容してもらうことを通して，自己を受容することができる。
> ②他者を受容するためには，自己を受容していることが必要になる。
> ③自分を他者に受容してもらうためには，自分が他者を受容することが必要になる。

　①は，先ほどの「お母さん」の例のように，悩み葛藤しているお母さんが，保育者に話を聴いてもらい，つらい気持ちを受容してもらうと，保育者に受容してもらうことを通して，自分を受容していくことが可能になることです。

　②からは，保育者が本当の意味で子どもや保護者を受容するためには，まずは保育者が自分自身を受容できていることが大切になる，と言えるでしょう。

③からは，たとえば，保育者が保護者に自分の思いや保育園としての考えを受け容れてもらうためには，まずは，保育者が保護者の思いや考えを受け容れた後ではないと，わかってもらうことは難しいことが言えます。自分の言い分だけを主張するのではなく，相手の思いや考えを受容することで，相手に自分の思いや考えも受け容れてもらうことが可能になるのです。

（2）自己受容と自己肯定感

　もうひとつご紹介したいことは，自己受容と自己肯定感の関係です。

　昨今，子どもの自己肯定感の低さや，自己肯定感を育てることの大切さが指摘されています。保育カウンセリングで考える自己肯定感は，その土台に自己受容があります。自己肯定感とは，自分という存在を肯定できる，自分を尊重できる感覚です。人生がうまくいっているとき，自分の力が発揮できているときに自己肯定感をもつことは容易でしょう。しかし，人生はうまくいっているときばかりではありません。思いどおりにならないとき，自分がみじめに思えるときもあります。そういうときにも，自分という存在を大切にできることが，本当の意味での自己肯定感です。どんなときにも，自分という存在を大切にできるよう，自分のどんな部分，どんな気持ちをも「これも私の一部分」として受け容れ，抱えることができる自己受容の力が大切です。

　子どもの自己受容は，どのように育てることができるでしょうか。子どもは，親や保育者など自分にとって大切な人が，自分にしてくれたことを，自分にするようになります。受容してもらった体験のない子どもが，自分のことを受容することは無理なのです。そのため，子どもが受容してもらう体験を重ねることが重要になります。

　保育の中では，指導をすることが必要なこともあるでしょう。しかし，子どもが自分の気持ちを語ったときだけでも，子どもの気持ちに寄り添い，受容することが大切です。

5　共感的理解

　受容とともに，大切な聴き手の態度として「共感的理解」があります。

　共感的理解とは，「話し手の私的な世界をあたかも自分自身のものであるかのように感じとり，しかもこの『あたかも……のように（as if）』という性質を失わないこと」（Rogers, 1957）です。大切なことは「同感」にならないこと。「あたかも……のように」という性質を忘れてしまうと，聴き手は自分の気持ちと話し手の気持ちを同一化してしまうことが起こり得ます。

　話し手の気持ちに寄り添うとき，自然と「それは，つらかったですね」「嬉しかったですね」と共感の言葉が出てくることがあるでしょう。聴き手の共感的な言葉は，話し手にとって自分の気持ちをあらためて感じ，気づくことにつながることもあります。聴き手は，ていねいに伝え返し（29頁参照）をしながら，共感的に理解していくことが大切です。

6 「今，ここで」の気持ちを大切に聴く

　たとえば，保護者が保育者に相談するとき，「1週間くらい前，子どもが急に乱暴な言葉を使ったので，びっくりして……」などと数日前（過去）の出来事について語ることがあります。このとき，「びっくりした」のは1週間前の気持ちですが，この出来事について，保護者が保育者に気持ちを語り，不安を語り，相談してわいてくるのは「今，ここで」の気持ちです。

　大切なことは，過去の出来事や気持ちをていねいに聴きながらも，過去の気持ちに留まって聴くのではなく，話をしながらわいてくる「今，ここで」の気持ちに焦点をあてて聴くことです。たとえば，「今，お話をされてみてどんな感じですか？」とたずねてみると，保護者は「1週間前はとてもびっくりしたけれど，子どもは，乱暴な言葉というより，新しい言葉を覚えて，嬉しくて，使ってみたかったのかもしれませんね。叱らずに，乱暴な言葉であることを教えてあげることができればいいのだな，と話をしてみて感じました」などと，大切なことに気づくことがあります。

7 待　つ

　日常会話とカウンセリングで異なることに「話すペース」や「間」があります。悩みを語るときには，どこから，どこまで，どんな言葉で語ったらよいのか難しいこともあるでしょう。日常的なあいさつや連絡はスラスラ言葉に出るのに，心の中の感情を語るときには，言葉を選んだり，言い換えたり，言葉に詰まりながら語ることがあるのです。

　普段私たちは，とても忙しく生活し仕事をしています。同じ保育者同士で会話をするときに「〜ですか？」と質問をすれば，ほどよい間で「それは，〜です」などと答えが返ってきます。このような「間」に慣れていると，保護者との面接のとき，「〜ですか？」と保育者がしたとき，いつもの間で返事が返ってこないと，「あれ？　答えにくい質問だったかな」と感じ，さらに質問を重ねることがあります。すると，保護者は「考えていたら次の質問が来て，言いたいことが言えなかった」「落ち着いて話せなかった」となってしまいます。保護者が，安心して言いたいことが言えるよう，保護者のペースで語れるよう「待つ」ことを心掛けましょう。特に，面接のスタートは，ゆったりしたペースで始めることが安心できる雰囲気につながります。

　また面接の中盤では，聴き手のほうが，話し手の大切なポイントが見えてくることがあります。話し手に早く気づいてほしくて，つい先回りをしたり，指摘をしたりすることも控えたいものです。聴き手は，話し手の「言葉を待つこと」「気づきを待つこと」が大切です。

8　安心モードに切り替えよう

　多くの保育者は，すでに子どもや保護者の心に寄り添うことの大切さを知っています。それができる能力もあります。しかし，そのような態度や能力を発揮できないことがありませんか？　それはきっと「忙しいとき」でしょう。

　忙しいときには，頭がフル回転になり，テキパキ・モードになっていますが，そのまま保護者との面接に入ってしまうと，「テキパキ・モード」を面接の中に持ち込んでしまうことになります。すると，相手の身になって感じることができず，ゆったり保護者の気持ちに寄り添うことができず，つい自分の価値観で相手を評価したくなるかもしれません。「母親の自覚をもってもらわないと！」などと相手を変えよう，正そう，導こうという気持ちが起こりやすくなります。

　そのため，保護者との面接に入る前には，聴く心の構えを整えましょう。このような切り替えは，意識的，自覚的に行わないと，なかなか切り替わるものではありません。大きく伸びをしたり，何度か深呼吸をして，ゆったりとした心の状態をつくり，安心モードに切り替えることがおすすめです。

■参考・引用文献
広瀬寛子（1997）．看護においてなぜ自分を知ることが重要なのか．看護学雑誌，**61**（7），323-329.
Kirschenbaum, H. & Henderson, V. L. (eds.) (1989). *The Carl Rogers Reader*. New York: Sterling Lord Literistic.　伊藤　博・村山正治（監訳）（2001）．ロジャーズ選集（上）――カウンセラーなら一度は読んでおきたい厳選33論文．誠信書房.
諸富祥彦（2010）．はじめてのカウンセリング入門（下）――ほんものの傾聴を学ぶ．誠信書房.
大竹直子（2014）．やさしく学べる保育カウンセリング．金子書房.

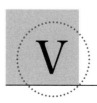

子どもの心の発達

▶ ▶ かかわりの **Point**

- ●愛着形成は子どもの人生の土台。最も大切な時期ととらえよう
- ●イヤイヤ期は,「反抗」ではなく「自立への練習」ととらえてみよう
- ●子どもの発達のペースと仕方はそれぞれ違う。楽しみながら見守ろう

1 子ども理解のために

　子どもの心に寄り添うために,子育て中の保護者の気持ちを支えるために,保育者が子どもの心の発達を理解していることは助けになります。

　子どもの心は関係性の中で発達していきます。生後,赤ちゃんは自分とお母さんという区別がない一者関係からスタートします。そして,お母さん（安全基地となる存在）との二者関係において,心の基礎を築いていくのです。4歳以降になると,心の世界は,母子の関係（2人の世界）に,父親という存在を含めた三者の関係へと広がっていきます。すると,友だちと遊びを共有したり,役割を決めて協力しながら遊ぶこともできるようになります。こうした三者関係は,一者関係・二者関係の中で,心が発育してこそ可能になるものです。

　この節では,子どもの心の発達において,特に大事な時期となる0〜3歳（二者関係まで）のキーワードを見ていきます。

2 愛着（アタッチメント）

　愛着は私たちの心の成長に大きな影響を与えます。愛着形成は人生の土台,人格形成の土台と言っても過言ではありません。生後半年から1歳半くらいまでが,最も重要な時期と言われています。

　愛着とは,特定の大人に対して結ぶ情緒的な絆のことです。愛着を形成した大人は,子どもにとって心の安全基地です。不安なことがあったとき,つらい気持ちになったとき,安全基地が心に存在することにより,気持ちを休めたり,落ち着かせたりすることができるのです。

　生まれたばかりの赤ちゃんは,「自分」と「お母さん」という自他の認識はなく,まるで一体であるかのようです。泣けば,抱っこをしてもらえる。お腹がすいて泣けば,おっぱいがもらえる。気持ちが悪くて泣けば,おむつを替えてもらえるという「不快なことがあっても,快

第1章 ● 保育カウンセリングの基本的な考え

21

になる」「安心感が得られる」体験をしています。このような体験を通して，子どもは「自分は守られているのだ」「この世界は安心なのだ」という信頼感をつくっていくのです（基本的信頼感）。

　これらの愛着関係から得た信頼感や安心感は，その後，言葉の理解，対人関係のもち方，生活や規範の理解など社会的な行動の土台にもなっていきます。

3　指しゃぶり

　生後2〜3カ月のころになると，赤ちゃんは指しゃぶりを始めます。この時期，まだ「自分の指」という認識はありませんが，口に触れたものに吸いついてみるうちに，指しゃぶりが始まります。

　指しゃぶりで赤ちゃんは，「吸う（触れる）感覚」と「吸われる（触れられる）感覚」の両方を体験しています。指を動かして口の中での感覚を感じたり，口の奥まで入れすぎて苦しくなることで身体の感覚を覚えたり，しまいには足の指を吸うことで身体の範囲を確認したりしながら，自分の身体を探索し，感覚を覚えていきます。子どもにとって指しゃぶりは，初めての遊びであり学びなのです。

4　社会的参照

　お母さんや保育者など，子どもが信頼できる大人の表情（情緒的反応）をうかがいながら，自分の行動を調整できることを「社会的参照」といいます。「他者への問い合わせ」ともいわれ，獲得するのは1歳前後と考えられています。

　たとえば，子どもが初めて「電池で動く犬の人形」を見たとき，子どもはこわがるかもしれません。「こわい！」と思いながら，お母さんの顔を見ると，お母さんがニッコリ笑ってこちらを見ている。すると，子どもは，お母さんの様子を見て「大丈夫なのだ」と知り，おもちゃで遊ぶことが可能になります。

　このように，この時期の子どもは，お母さんや保育者の自分に向けられたまなざしや表情を参照して，「大丈夫なんだ」「安心なんだ」と確認をし，情緒を安定させ，行動や興味を広げていきます。この社会的参照は，子どもの社会性に大きな影響をもたらします。

5　表　象

　表象とは，目の前に存在しない人や出来事について，心の中で思い浮かべることができる心の働きを言います。1歳半から2歳くらいで獲得できる力です。子どもにとって，目の前にお母さん（や保育者など安全基地）がいなくても，安心できる存在を心の中に思い浮かべられる

ことは情緒の安定につながります。また，安心感は行動への原動力にもなるため，子どもの世界を大きく広げることにもつながります。

　また，表象がもてるようになると，子どもの遊びも変わってきます。積み木を電車に見立てて遊ぶことや，「大丈夫かな～？　大丈夫だよ～」と，あたかもお母さんをイメージしながら一人二役で言ってみたりすることがあるでしょう。

　4歳になるころには，表象を友だちと共有することができ，ごっこ遊びなどが始まります。遊ぶことによって，ますますイメージする力は広がっていくのです。イメージする力は生きる力にもなり，想像性や社会性の発展につながっていきます。

6　イヤイヤ期

　2歳前後になると，イヤイヤ期といわれる反抗期がきます。生まれた直後はお母さんの腕の中にいる存在だった子どもも，発達していく中で，お母さんの腕から出て，自分の意思で動き始め，日に日にできることが増えていきます。2歳になるころには，周りの手助けがなくても自分でできることが増えてきて，自己意識が高まり，自分の力でやりたい欲求も出てきます。心の中で起こる「自立」に向かう感情です。

　「イヤイヤ！」と訴えながらも，子どもは大人の様子を見ています。関係性の中で，自分の主張をどうしたら通せるか，反抗することで相手はどう出るのか，まるで交渉事をしているように，子どもは本気で大人と向き合うのです。しかしこの時期は，まだ言葉で自分の気持ちを表現することや，ひとりで何もかもする力はありませんし，感情のコントロールもできません。そのため，かんしゃくを起こしながら「イヤイヤ！」と言うこともあるでしょう。しかしそれは，大切な自立への一歩なのです。

　私たちは社会の中で，他者とかかわりつつも，自分を保ちながら生きています。他者に向かって自己主張をしたり，自分の感情を表現したり抑制したりしながら生きていきます。イヤイヤ期はそのための大事な練習です。

7　トイレット・トレーニング

　体や脳が発育し準備ができると，トイレット・トレーニングの時期がきます。個人差がありますが，前述した「イヤイヤ期」と重なる，おおよそ2～3歳のころです。自立に向かうこの時期，子どもは何でも自力でやってみたくなります。新しいことへのチャレンジにも意欲的です。

　トイレット・トレーニングは，こうした自立に向かう時期に，自信を育む大切な意味をもちます。ひとりでトイレができるということは，「おしっこがしたい」と感じることができて，それを自分でコントロールして排出することです。「自分をコントロールできる」「ひとりでで

きる」という自信（自己信頼）へとつながるのです。フロイトは，このトレーニングが人格形成に重要な影響をおよぼすと指摘しています。トレーニングが母子にとって苦痛なものではなく，楽しみながら過ごせることが大切です。

8　子どもの「育ち」を見守るために

　子どもの体や心の発達は，子どもによって一人ひとり発達の仕方やペースが異なります。子どもの育ちは，子ども自身がもっている力によって「育つ」部分と，大人が愛情をもちながら子どもにかかわることによって，「育てる」部分があると言えるでしょう。そのとき「育つ」部分と「育てる」部分のバランスが大切です。

　子どものもつ力の素晴らしさは計り知れません。大人は，子どもが安心して過ごせる環境を整えつつも，それぞれの子どもがもっている力を信じ，子ども自身がのびのびと，イキイキと育っていくのを見守りたいものです。

　子どもの言葉や行動には，どんなときも，その子どもにとっての意味や理由があります。子どもの心の発達を理解することで，子どもの気持ちや行動の意味を感じ取れることもあるでしょう。そして，その子どもの心に寄り添ったかかわりをすることが，子どもの心の育ちをよりよくサポートすることにつながるでしょう。

 演習問題

> 　子どもの心の発達について，感じたことを話し合ってみましょう。子どもの様子やエピソードを，理論とつなげながら考察してみましょう。４人一組で実施してください。グループ全体で10分です。

■参考・引用文献
中西信男（1989）．人間形成の心理学——ライフサイクルを解明する．ナカニシヤ出版．
岡本依子・菅野幸恵・塚田-城みちる（2004）．エピソードで学ぶ乳幼児の発達心理学——関係のなかでそだつ子どもたち．新曜社．
大竹直子（2014）．やさしく学べる保育カウンセリング．金子書房．

●第2章●

保育現場で使える
カウンセリング技法

Chapter 2
Techniques

I ペーシング——雰囲気合わせ

　ペーシングは，文字通り，ペースを相手に合わせることです。ペースを合わせ，呼吸を合わせて，雰囲気を合わせていく。空気を合わせていく。それができていないと，なかなか，相手とのいい関係はつくれません。相手が心を開いてもくれないでしょう。

　保育者のペーシングが必要な相手は，まず，子どもです。先生と子どもが，同じ雰囲気，同じこころの世界を共有するための基本がペーシングなのです。

　元気ではやい子には，元気ではやく。

　少しゆっくりな子には，こちらも少しゆっくりと。

　2人の呼吸をひとつに合わせるようにして，ペースを合わせていきます。雰囲気を合わせて，子どもと先生がぴたっと調子を合わせていくのです。子どもの呼吸を感じて，呼吸を合わせて，一体感をつくっていくのです。

　「あなたと，先生は，ひとつよ」。そんな感じをつくっていくのです。

　ペーシングは，大人を相手にするときにも必要になります。悩んでいる保護者の話を聴いたり，悩みを持つ同僚や部下の話を聴くときに，相手と呼吸を合わせ，ペースを合わせていくとよいのです。

　保護者や同僚の悩みを聴くときに，私たちは「傾聴」していきます。こころを積極的に傾けて聴いていくのです。

　話を聴いていくのだけれども，それは，単なる受け身的な聴き方ではなく，積極的能動的に聴くことから「アクティブ・リスニング」とも呼ばれます。ただその「アクティブさ」は，相手を自分のペースに従わせるような「アクティブさ」ではありません。

　相手の呼吸を感じ取り，それに自分の呼吸を合わせていく。

　相手のペースを感じ取り，それに自分のペースを合わせていく。

　相手の空気を感じ取る。

　波動を感じ取る。

　それに自分を合わせて，「ひとつ」になった感じをつくっていく。その基本が，ペーシングです。

　人は悩んでいるとき，「わかってほしい」ものです。自分の気持ちをわかってほしいのです。なのに，相手が，まったくこちらのペースを無視して，自分のペースでどんどんことを運ぼうとしていると感じたときに，それは，無理になります。「こんな自分のペースでしか話を進められない人には，無理。わかってもらえない。いやその前に，話をしようとも思えない」そんなふうに感じてしまうのです。

「この人に話してみよう」

「この人ならわかってくれるかも」

　話をしている人をそんな気持ちにさせていくうえで，ある意味で「話の内容の理解」以上に大切なのが，「雰囲気の共有」「空気の共有」です。相手のペースを尊重し，それに合わせていく感じです。

　そのために大切なのは，話をしている人のリズムに合わせ，雰囲気を合わせて，同じ「空気感」を持ちながら話をお聞きすることです。

　ゆっくり話をする人には，ゆっくりなリズムで。

　ハイテンションに語る人には，こちらも少し元気よく。

　呼吸を合わせるようなつもりで，雰囲気合わせをしましょう。

　たとえば，保護者が，重い雰囲気でゆっくりと，「なんだか，もう，子育てがつらくて，つらくて……」と語ったとしましょう。すると，保育者も，同じような速さ，同じような雰囲気で「なんだか……子育てが……つらい……」と受けとめていきましょう。そこにぴたっとひとつになった感じ，ひとつになった空気感が生まれると，相手も「この人なら，わかってもらえるかも」「この人になら，話したい」そんな気持ちになってくるものです。

 演習問題

●「ペーシング」のエクササイズ●

①2人で一組になります。

②じゃんけんをして，勝った人が，「今日の朝からの出来事」を自分のペースで話します。

③負けた人は，相手にペースを合わせて聴きましょう。

④5分経ったら，聴いてもらえてどんな感じがしたか話します。（3分）

⑤役割を交代しましょう。

⑥お互いに気づいたこと，感じたこと，学んだことを話しましょう。（シェアリング）（3分）

（合計で20分程度でできます）

■参考・引用文献

諸富祥彦（2010）．はじめてのカウンセリング入門（下）──ほんものの傾聴を学ぶ．誠信書房．

諸富祥彦（2014）．新しいカウンセリングの技法──カウンセリングのプロセスと具体的な進め方．誠信書房．

II うなずき，あいづち

　子どもであれ，保護者であれ，同僚であれ，自分のことを相手に話すとき，誰もが抱く気持ちは「わかってほしい」という気持ちです。

　特に悩んでいるときには，人は，「自分の気持ちをわかってほしい」という気持ちを強く抱くものです。

　それに対して保育者は，「わかろうとしていますよ」という積極的な気持ちを伝えていく必要があります。「わかろうとしていますよ」と言葉で言うのではなくて，実際の聴き方の姿勢を通して，こちらの気持ちを伝えていく必要があるのです。

　その最も基本的な技法のひとつが「うなずき，あいづち」です。

　ではどんなふうに「うなずき」と「あいづち」を打てばいいのでしょうか。

　私がおススメしているのが，「話をしている相手の方よりも少しゆっくり」したリズムであいづちを打つこと。「話をしている相手の方よりも，少しゆっくり，大きく」うなずきを打つことです。

　傾聴の練習をしていると，「自然体で聴くこと」にこだわる方がいます。

　しかし，自然体で話を聴いていると，話をしているほう（聴いてもらっているほう）からすると，少し「物足りない感じ」がすることが多いものです。中には「ほんとうにしっかり聞いてもらえてるのかなぁ」と不安になる方もいるようです。

　あまり自然体にこだわらず，少し大げさなくらいでいいのです。「ゆっくり，大きく」あいづちと，うなずきを行っていきましょう。

 演習問題

●「うなずき，あいづち」のエクササイズ●

①２人で一組になります。

②じゃんけんをして，勝った人が，「今日の朝からの出来事」を自分のペースで話します。

③負けた人は，まずいつもの日常会話と同じ感じで話を聴きましょう。（３分）

④次にいつもより「ゆっくり，大きく」うなずきとあいづちをしながら聞きます。（３分）

⑤２回はどう違ったか，どちらがよく聴いてもらった感じがしたか話します。（３分）

⑥役割を交代しましょう。

⑦それぞれ，気づいたこと，感じたことを話しましょう。（シェアリング）（２分）

　　　　　　　　　　　　　　　　　　　　　　（全体で，20〜25分でできます）

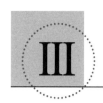

III 伝え返し──リフレクション

「伝え返し（リフレクション）」はカウンセリングの最も基本的にして重要な技法です。「伝え返し」がうまくできるかどうかにカウンセリングの基本的な力量がかかっている，と言ってもいいほどです。

「伝え返し」とは，一言で言えば「相手が言わんとしていること」をつかんで「あなたが言おうとされていることは，こういうことでしょうか」と「確かめていく」作業です。話を聴く側が勝手に「わかったつもり」にならず，しっかりと寄り添い，相手の話をていねいに「正確にわかろう，理解しようとしている姿勢」を最も端的に示すのがこの「伝え返し」の技法です。

「伝え返し」には，いくつかのレベルがあります。

1 言葉の「伝え返し」

これはいわゆる「くり返し」です。

保護者「子育てがうまくいかなくて……」
先生「うまく，いかない……」

このように，相手の話している言葉で大切だと思う言葉をそのまま「くり返す」。そのことによって，話をしている人の中には「この人は，ていねいにわかろうとしてくれているなぁ」という思いが生まれてくるものです。

2 内容の「伝え返し」

相手の話している「内容」を伝え返します。

保護者「1年も2年もかかるんです，きっと」
先生「1年も2年も……長い時間がかかるような気がする……」

相手の話の「内容」を正確に理解していることが伝わります。

3 「気持ち」の伝え返し

伝え返しの重要なもののひとつは，相手の「気持ち（感情：feeling）」を伝え返すことです。

> 保護者「子どもからののしられると，ほんとうにつらくて，つらくて……」
> 先生「お子さんからののしられると，ほんとうにつらい気持ちになるんですね……」

 演習問題

● 「気持ちの伝え返し」のエクササイズ●

①2人で一組になります。

②じゃんけんをします。勝った人が，まず「話し手」になります。「最近，ちょっと悲しかったこと，がっかりしたこと」を語ります。話の内容よりも「悲しかった気持ち」「がっかりした気持ち」を中心に語ります。（5分）

③負けた人は，「聴き手」になります。「○○なお気持ちでしょうか」と，相手が表現している気持ちに焦点をあてて，それを確かめるような言葉を返していきましょう。

④話し手は，聴き手の言葉がぴったりきたら「ええ，ええ，そうなんです」と言って話を続けます。ちょっとずれていたら「というよりも，○○という感じで……」と修正しながら話を続けます。

⑤5分経ったら聴いてもらえてどんな感じがしたか話します。（3分）

⑥役割を交代しましょう。

⑦2人とも終わったら，お互いに「気づいたこと，感じたこと」を語ります。（シェアリング）（3分）

（全体で，20分くらいの実習です）

4 話し手によって「言わんとされていること」 ＝「感じられている意味（felt meaning）」の伝え返し

伝え返しの真骨頂は，この「感じられている意味」＝「言わんとされていること」を言葉にして確かめていくことにあります。

> 保護者「あの子と話をしていると……もう，ほんとうに参ってしまうんです。つらくて，つらくて……。自分は親失格で，もうやっていけないんじゃないか，もう親を辞めてしまったほうがいいんじゃないかと，思ってしまうんです。先生，どうなんでしょう

か……私は，もう……」

先生「気持ちがほんとうに参ってしまって，自分が親として失格のように思われてしまうんですね。……そして，もう，なんというか……心が折れそうというか，すべてを投げだしてしまいたいような，そんなお気持ちになることもあるんですね」

このように，相手が言わんとしていることのエッセンスをつかんで，それを聴き手なりに言葉にして「こういうことでよろしいでしょうか」と「確かめていく」のが伝え返しの真骨頂です。

このときは，相手が使っていない言葉を使って，「**まだ言葉にできていない部分**」をも言葉にして確かめていくような，そんな姿勢が求められます。

ロジャーズは，このことについて「私の理解を，話し手の方に，確かめてもらうこと（testing）」「私の受け取りを，話し手の方に，チェックしてもらうこと（checking）」とも言っています。

 演習問題

● 「感じられている意味」の伝え返しのエクササイズ ●

①2人で一組になります。

②じゃんけんをして，勝った人が「話し手」になります。「最近，ちょっと気持ちがへこんだこと」を語ります。話の内容よりも「つらかった気持ち」「へこんだ気持ち」を中心に語ります。（5分）

③負けた人は「聴き手」になります。「それは○○ということでしょうか」と，相手が「言わんとしていること」に焦点をあてて，それを確かめるような言葉を返していきましょう。

④話し手は，聴き手の言葉がぴったりきたら「ええ，ええ，そうなんです」と言って話を続けます。ちょっとずれていたら「というよりも，○○ということなんです……」と修正しながら話を続けます。

⑤5分経ったら，聴いてもらえてどんな感じがしたか話します。（3分）

⑥聴き手は，話し手が「言わんとしていたこと」「話のテーマ」について「○○ということでしょうか」と確かめます（例「今の仕事をもう少し続けていきたいこと，でもその一方で子どものことを思うともう限界のようにも思えること，そのはざまで悩んでいるということでしょうか」）。（1分）

⑦話し手はそれがしっくりくるかどうか，自分自身の内側に照らして確かめ，修正します（例「──というよりも○○ということです」）。（2分）

⑧役割を交代しましょう。

⑨2人とも終わったら，お互いに「気づいたこと，感じたこと，学んだこと」を話し合います。（シェアリング）（3分）

（全体で，25分くらいの実習です）

IV ミラーリング——動作合わせ

　ミラーリング（動作合わせ）は，子どもの動作や言葉を，その子のミラー（鏡）になっているかのようにして映し出していく技法です。そうすることによって，子どもとぴたっと調子を合わせ，一体のこころの世界を共有する技法です。

　子どもは大人のように話をすることができないので，話を聴きながら「伝え返し」をしていくことはなかなかできません。大人の話の「伝え返し（リフレクション）」にあたるのが，子どもの動作の「ミラーリング」であるといっていいでしょう。

　たとえば，子どもが「あ，飛行機！」と言って，空のほうに指を突き出したとしましょう。先生も，「あ，飛行機！」と言って，子どもと同じような動作をして，同じ言葉を同じような雰囲気でくり返すのです。

　子どもが気持ちを表現したところで，先生が同じ動作，同じ言葉を，同じようなリズムで，同じような雰囲気で返してくれると，子どもは先生と自分が「ひとつになった」と感じることができます。

　ひとつのこころの世界を共有することができるのです。

 演習問題

●「ミラーリング」のエクササイズ●

①２人で一組になります。

②じゃんけんをして，勝った人が「子ども役」，負けた人が「先生役」になります。

③子ども役の人は，子どもになりきって，自由に次々と自分のしたい動作をしたり，言葉を言ったりしましょう。

④先生役の人は，子ども役の人の鏡になったつもりで，同じように動作を合わせていったり，言葉を合わせていったりしましょう。

⑤３分間続けます。

⑥それぞれがどんな気持ちになったか振り返りましょう。（２分）

⑦役割を交代しましょう。

⑧２人とも終わったら，お互いに「気づいたこと，感じたこと，学んだこと」を語り合いましょう。（３分）

（全体で15分くらいでできる実習です）

V　わたしメッセージ

1　子どもに自分の気持ちを伝える「わたしメッセージ」

「わたしメッセージ」は，保育者が自分の「気持ち」を子どもや保護者，上司や同僚にうまく伝えるための技法です。もともとは，トーマス・ゴードン（Thomas Gordon）博士が開発した「親業」の技法のひとつです。

自分の気持ちが相手にうまく伝わらずに，困った経験は誰もが持っているものです。先生としては自分の気持ちを伝えただけだったのに，子どもは「あの先生は，私のことを嫌いなんだ……」となって，ふさぎ込んでしまう場合もあります。そんなとき，私たちの多くはいつのまにか「あなたメッセージ」を送っているものです。

たとえば，「まったく，グズグズしているんだから！」と子どもに言うとき，その背景には（あなたは）「まったく，グズグズしているんだから！」と隠れた二人称の主語（あなたは）が存在しているのです。多くの場合，「あなたメッセージ」は，子どもを追い込み，「ぼくはグズなだめな子なんだ」と自己否定的な気持ちにさせて，さらに意欲を奪ってしまいます。

では，どうすればいいでしょうか。

隠れた主語を「わたしは」という一人称の主語に替えて言ってみるのです。たとえば，先の（あなたは）「まったく，グズグズしているんだから！」という二人称の主語（あなたメッセージ）をわたしメッセージで言い換えると，こうなります。

（わたしは）「なんだかとても焦っちゃうんだ。次の活動に間に合わないんじゃないかと，すごく心配になっちゃって……」（わたしメッセージ）

いかがでしょう。このように言われると，子どもも，先生の言葉を素直に受け取りやすいのではないでしょうか。「あぁ，先生に心配かけちゃったなぁ。先生に心配させないようにしなきゃ」と思いやりの気持ちも育まれていくかもしれません。

 演習問題

● 「子どもへのわたしメッセージ」のエクササイズ●
次の子どもへの「あなたメッセージ」（相手を責めてしまう言葉）を「わたしメッセージ」（私の気持ちを私を主語にして伝える言葉）に変えてみましょう。
■「どうして何度言ってもわからないのかなぁ！」（あなたメッセージ）

→「　　　　　　　　　　　　　　　　　　　　」（わたしメッセージ）

■「ちらかしっぱなしにしないの！　まったく！」（あなたメッセージ）

→「　　　　　　　　　　　　　　　　　　　　」（わたしメッセージ）

2　保護者や同僚に自分の気持ちを伝える「わたしメッセージ」

　「あなたメッセージ」が相手の気持ちを追い詰めてしまうのは，相手が大人の場合，保護者や同僚が相手の場合も同様です。たとえば，仕事の報告をしてくれない年下の同僚に対して「どうして報告くらいちゃんとやってくれないのかなぁ，まったく！」と言うことは，相手を非難する意味を持っています。その背後には隠れた主語（あなたは！）が潜んでいます。

　こうした言葉を毎日のように言われていると「この先生は，私のこと，嫌いなんだなぁ。信頼してくれないんだなぁ」「仕事ができないだめな人と思われているんだなぁ」という気持ちになってきます。仕事のチームワークにも支障をきたしかねません。

　この「どうして報告くらいちゃんとやってくれないのかなぁ，まったく！」という言葉を「わたしメッセージ」で言い換えると，どうなるでしょうか。たとえば「報告がないと，（私は）すごく不安になるし，私も安心して仕事を進められないの。ひとつの仕事が区切りまで終わったら報告してくれると，すごく助かるし，嬉しいなぁ」

　このように言われると，どうでしょう。不信感や責められている感じは伝わらずに，「あぁ，この先生も不安だったんだなぁ。そういう気持ちにさせないように，しっかり報告しよう」という気持ちになるかもしれません。

　そうです。「わたしメッセージ」は相手への信頼をベースに据えたメッセージなのです。そのために言われたほうも，イヤな気持ちにならず，「そうなんだ」「私も，もっと，こうしよう！」という素直な気持ちで相手の言葉を受け取り，自分の行動を変えていくことにつながるのです。

 演習問題

●「同僚へのわたしメッセージ」のエクササイズ●
　次の同僚への「あなたメッセージ」（相手を責めてしまう言葉）を「わたしメッセージ」（私の気持ちを私を主語にして伝える言葉）に変えてみましょう。

　■「保護者に勝手にそんなこと言わないでください！　わかる？」（あなたメッセージ）

　→「　　　　　　　　　　　　　　　　　　　　　　　　　」

VI リフレーミング
——見方を変えれば短所が長所に変わる

「リフレーミング」は，その名前のとおり，「フレームをつけ直す」ことです。人のことを異なった角度から見ることで，相手に，それまでとは異なるものの見方を教え，肯定的なメッセージを伝えることができます。相手が「自分の短所と思っていること」を「こんなふうにも見ることができますよ」「そうしたら長所に見えてきませんか」と伝えていくことができます。

1 子どもへの「リフレーミング」

「リフレーミング」をしていくと，先生方の子どもに対する見方，かかわり方が変わっていきます。より柔軟になり，子どもをこれまでとは異なる角度から，多面的に見ていくことができるようになっていきます。そして先生のものの見方が変わると，子どももそれに応じて，良さを発揮し変わっていくのです。

たとえば，ちょっと臆病で，ものごとを決めるのにもすごく時間がかかる子がいるとしましょう。私たち大人はつい，そういう子の短所ばかりに目がゆきがちです。「この子は，優柔不断な子だ」「ちょっとしたことも，自分で決めることができない子だ」「臆病で，勇気がない子だ」そう考えてしまいます。

そして「はやく決めなさい」「何，いつまでもグズグズしているのよ！」と叱ってしまいがちです。しかしこういう言葉を繰り返されていると，子どもは「そうか，ぼくは，臆病で，グズグズした子なんだ」という思いを強めていきます。そして，よけいに臆病で，グズグズした子になっていき，先生は激しく叱ってしまいがちです。

「リフレーミング」は，先生が「臆病」「グズグズ」「決められない」「優柔不断」といった言葉で否定的に見ている特徴を，もう一度異なる角度から「リフレーム」する（枠づけし直してみる）ことをしていきます。するとそれまで「臆病」「グズグズ」「決められない」「優柔不断」（リフレーミング前）と思っていたその子の特徴が，「慎重さ」「ていねいさ」といった「良さ」（リフレーミング後）に見えてきます。先生の見方が変わると子どもも変わっていきます。

> 子ども「ぼく，なんでもほかの子より，ゆっくりしかできないだめな子だ」
> 先生「あなたはじっくりと，ていねいに取り組むんだね。そこがあなたのいいところだよ」

 演習問題

● 「自分の短所を長所に変える（リフレーミングする）」エクササイズ●
①自分の「短所」を三つ書き出しましょう（例「動作がのろい」「優柔不断」「夜更かしばかりしている」など）。（5分）
②自分の「短所」について見方を変えて「長所」に変えていきましょう。（5分）
③4人一組になって振り返りをおこないましょう。（1人2分，合計約10分）

（全体で約20分です）

2　同僚の先生へのリフレーミング

　リフレーミングは，子どもや保護者だけでなく，同僚の先生方に対しても使えます。

　さまざまなことがうまくできず悩んでいる保育者は，自分の欠点やだめなところにばかり意識が向きがちです。壁にぶつかり，自信を失った保育者は，だんだんと意欲を失ってしまいがちです。場合によっては離職につながりかねません。離職防止のためにも，若手保育者に自信を取り戻させることが必要です。そのためにも，リフレーミングは有効です。

　たとえば，じっくりゆっくりひとつの仕事に取り組むタイプの保育者は，仕事をこなすスピードが遅いために，テキパキと効率よく仕事をこなす同世代の保育者と自分を比べて，自信を失ってしまいがちです。こんなときリフレーミングが役に立ちます。

　「○○先生は，一つひとつの仕事にていねいに取り組んでくださっています。そんなふうにていねいに仕事をするのが，○○先生の良さですよ」

　こんなふうに，「自分の○○なところがだめだ」と自信をなくしている若手に対して，「それは角度を変えてみれば，○○という，いいところに変わりますよ」「それが先生の持ち味であり，良さですよ」とリフレーミングしていくのです。すると，若手保育者は，「○○先生は，私の理解者だ」「そうか，○○なところを私の欠点ではなく，私の持ち味ととらえればいいんだ」と，自分自身への見方を変えていくことでしょう。

 演習問題

● 「同僚の先生へのリフレーミング」のエクササイズ●
　次の若手保育者の自分自身についての見方をリフレーミングし，長所に変えて伝えていきましょう。
　　若手保育者「私，いつもそそっかしくて，だめなんです。あわてんぼうだから」
　　同僚としての声かけ「　　　　　　　　　　　　　　　　　　　　　　　　　　　」

VII 勇気づけ

　勇気づけは，アルフレッド・アドラー（Alfred Adler）が創始したアドラー心理学の基本的な技法です。勇気づけは，一人ひとりの人間へのリスペクトを基盤とし，相手への信頼と期待を伝えて意欲を引き出していきます。アドラーの後継者であるドライカース（Rudolf Dreikurs）は，「植物が太陽と水を必要としているように，子どもは勇気づけを必要としている。不幸にも，最も勇気づけの必要な子どもが最小のものしか得ていない」と言っています。

　勇気づけはまた，「褒めたり，叱ったり」といったかかわりと異なります。相手を褒めたり叱ったり，というのは，縦の関係を基本にしたかかわりです。「褒める」「叱る」というのは，上の人間が下の人間をコントロールしようとしておこなう行為です。

　それに対して，勇気づけは上下関係を前提としません。相手が子どもであれ，大人であれ，対等で平等な関係であり，だからこそ，一方の人間が他方の人間をコントロールする「褒める」「叱る」といったかかわりをしようとはしません。そうではなく，ひとりの対等な人間として尊重し，コントロールせずに「勇気づけて」いくのです。

　子どもがやる気を失ってしまうのは，多くの場合，周囲の大人から「勇気くじき」をされてしまった結果です。たとえば「どうせまた，だめだろ」「今度もできないんじゃない」「また三日坊主で終わるんでしょ」といった言葉がけです。これらの言葉には，子どもを信じておらず，期待もしていない，といったニュアンスが含まれています。「どうせまただめでしょ」と言われ続けた子どもは，その言葉を自分自身にも向け始めます。「ぼくは（わたしは），どうせまた，だめなんだ」。そして本当にだめになってしまうのです。

　これを信頼と期待の言葉がけに変えるとどうでしょう。

　「あなたなら，できるよね」「あなたなら，きっと今度はがんばれるよ」「そうしてくれると，嬉しいなぁ」

　こんな言葉をかけられていると，子どもは自分自身の中でも「もしかすると，できるかもしれない」「よしやってみよう」と，さまざまなことにチャレンジしようという意欲がわいてきます。「勇気」がわいてくるのです。

●「勇気くじき」の言葉を「勇気づけ」の言葉に変えるエクササイズ●

　次の「勇気くじき」の言葉を信頼と期待をベースにした「勇気づけ」の言葉に変えてみましょう。

先生「何ちらかしてるの！　またどうせ，散らかしっぱなしにするんでしょ」
（勇気くじきの言葉）
　→「　　　　　　　　　　　　　　　　　　　　　」（勇気づけの言葉）

　勇気づけは子どもばかりでなく，保護者や同僚の先生に対しても使えます。

　先生からだめ出しばかりされていると保護者はやる気を失ってしまいます。「どうせ私は，だめな親と思われてるんでしょう。実際，だめな親だし，まぁいいや」と，子育てに対して投げやりな気持ちになってしまうのです。

　保護者のいいところ，がんばっているところ，うまくいっているところに目を向けて，「○○なところが素敵ですね」「○○な点，がんばってますよね」「とてもいいですよ」といった言葉がけをしていきましょう。すると，保護者は「この先生は，私のいいところをちゃんと見てくれている」「この先生は，私のがんばりを認めてくれている」という気持ちになって，意欲を高めていきます。

　勇気づけは，同僚の先生，若手の保育者を励まし，意欲を高めるためにも使えます。若手の先生は，先輩の先生や上司からどう見られているかにとても敏感で，気を遣っています。特に若手の先生を「どうしてそうなの！」と，他の人の前で大声で叱るのは，逆効果です。若手保育者のやる気を奪って，「どうせだめだと思われているんでしょ」「だったら，この園，もうやめちゃおうかな」といった気持ちにさせてしまいます。まさに「勇気くじき」になるのです。

　若手保育者の「よいところ」「がんばっているところ」「うまくいっているところ」に目を向けてそれを言葉にして伝えていきましょう。「あなたなら，できると思っている」と信頼し期待していることを伝えていきましょう。そして実際にがんばってくれたならば，「○○してくれて嬉しいです」「ありがとうございます」「とても助かりました」と伝えてください。

 演習問題

● 「同僚を勇気づける」エクササイズ●

①２人一組になってください。じゃんけんをしましょう。

②負けた人は話し手です。「最近，自分ではいろいろがんばっているけれど，うまくいかず自信を失いかけていること」を語ります。（４分）

③勝った人は，「勇気づける人」です。相手の「がんばっているところ」「うまくいっているところ」に目を向けて勇気づけをしてみましょう。（４分）

④役割を交代しましょう。

⑤２人とも終わったら，お互いに「気づいたこと，感じたこと，学んだこと」を話します。（シェアリング）（３分）

（約20分でできるエクササイズです）

Ⅷ がんばり見つけ──エンカウンター

「がんばり見つけ」は構成的グループエンカウンターの基本的なエクササイズ（実習）です。「こころとこころのふれあい」を促進することで心を育てていく方法です。4歳児以上なら充分にできます。

①15人の子どもがいるとします。みんなでフルーツバスケットをします。オニになった子どもが15人の子どもの円の中心になります。

②他の子どもは，円の中心にいる子どものよいところ，がんばっているところをどんどん言葉にして伝えていきます。「○○さんは○○をしていました。がんばっていると思います」といったようにです。

③真ん中にいた子は「いいところをたくさん見つけてくれて，ありがとう」と言います。その後，フルーツバスケットをして，①から③をくり返していきます。

「がんばり見つけ」は，保育者同士でおこなってもとても有効です。8人の保育者でグループをつくります。一人ひとりが，他の7人の保育者に対して，1枚の紙に「よいところ」「がんばっているところ」を書いていきます。Aさんの番のときには，ほかの7人の保育者が，記入したAさんの「いいところ」「がんばっているところ」を読んで，その紙を渡していきます。これを7人についてやっていきます。

誰しも，自分のいいところや，がんばっているところを認めてほしいものです。認めてもらえると，意欲が高まっていくのは，大人も子どもも同じです。

 演習問題

●「がんばり見つけ」のエクササイズ●

①6人で一組になります。他のメンバー5人それぞれの「いいところ」「がんばっているところ」を小さな紙に記入します。（10分）

②まずAさんについて，他の5人がAさんの「いいところ」「がんばっているところ」を伝えて紙を渡します。（2分）

③終わったら交代し，全員についてやっていきます。（2分×6回）

④「いいところ」「がんばっているところ」を伝えてもらってどんな気持ちになったか語り合います。（シェアリング）（1人1分×6人）

（全体で約30分でできるエクササイズです）

 # モデリング——お手本

　モデリングは，その名のとおり，「モデル」を見せること。「お手本となるモデル」を見せたうえで，その行動を「模倣」させると，行動が身につきやすいことはよく知られています。

　たとえば，「あいさつというのは，○○して，△△することなんだよ。そのとき大切なのは，相手の目を見ることなんです」と長々と言葉で説明されても，すぐにそれができるようになる子どもは少ないでしょう。

　一方，「あいさつというのは，○○して，△△することなんだよ。そのとき大切なのは，相手の目を見ることなんだよ」と説明したうえで，スクッと立ち上がり，「じゃ，先生が実際にやってみせるね」と伝えて，その場で「相手の目をきちんと見ておこなうあいさつのお手本」を見せて「じゃ，今度はあなたが先生にやってみてごらん」と言って，その場でやってもらうのです。そして，うまくできている点を褒め，うまくいっていない点を指摘して，もう一度やってもらいます。するとその行動が身につく可能性は高いでしょう。

　このように，①ポイントを説明する，②お手本となる行動をやって見せる，③その場で自分でもやってもらう，④うまくできている点，改善すべき点をフィードバックする，⑤もう一度，お手本を見せる，⑥改善された行動をやってもらう，といった手順を踏んでいきます。すると，学ぶべき行動（例：目を見ておこなうあいさつ）が身につきやすいのです。

　こうした社会的行動の学習を「モデリング」と言います。バンデューラ（Albert Bandura）が名づけました。

　引っ込み思案をしがちで，友だちの輪の中に入っていけない子どもたちは少なくありません。輪の中に入っていけないことで孤立感を抱き，次第に登園を渋るようになる子どももいます。その子としては，どうすればいいか，わからないのです。

　このとき，たとえば，先生が「いーれーてー」とお友だちの輪の中に入っていく「お手本」を見せると，同じ行動を身につけやすくなります。あるいは，同じくらいの年齢で，友だちの遊びに入っていくのがうまいお友だちの行動を見せて「○○くんをよく見ててごらん」と観察を促すと「あ，あんなふうにすればいいんだ」とわかるかもしれません。

　「してみせて」「やってもらって」「してみせて」——これが，新たな行動を身につけてもらうための基本原則です。

X ピアサポート

ピアは「仲間」のこと。ピアサポートとは，仲間同士の支え合いのことです。

日本でおこなわれているピアサポートには，大きく二つの形態があります。

ひとつは，中学校や高校などで特にさかんになった方法ですが，傾聴をはじめとしたカウンセリングの基本技法を一部の生徒が学び，その生徒が他の生徒の抱えている問題のサポートをおこなう方法です。

もうひとつの方法は，年長の子どもたちが年下の子どもたちの「お世話活動」をおこなう活動のことです。保育の現場で使いやすいのは，こちらの活動でしょう。

たとえば，カード遊びをおこなうときに，年長クラスの子どもたちは年長クラスの子どもたちだけ，年少クラスの子どもたちは年少クラスの子どもたちだけで遊ぶのではなくて，「年長クラスの子ども3人，年少クラスの子ども3人の6人一組」で，カード遊びをするのです。年長クラスの子どもたちにはあらかじめ，カード遊びを一度体験させておき，どこが難しいのか，年少の子どもたちといっしょにやるうえでどこに配慮すべきなのか，学ばせておきます。

ピアサポートでは，このように，異年齢集団を人工的につくって，「世話をする–世話をされる体験」を促していくのです。

きょうだいのいない一人っ子も増えています。年下の子どもの世話をしたこともなければ，年上の子どもの世話になったこともない子も少なくありません。

ピアサポートをおこなうと，年長の子どもは，年少の子どものお世話をする中で，よりしっかりと自立していきます。「頼られる経験」の中で人は育っていくのです。一方，年少の子どもは，年長の子どもに世話をされて頼っていく中で「甘え欲求」が満たされ精神的に安定していきます。

このように，ピアサポート活動をおこなうことによって，異年齢集団における「世話をする–世話をされる体験」を促していくことが，子どもの成長を促進してくれます。年長の子どもたちは，世話をしたり，頼られたりすることで，しっかりとたくましく成長していきます。年少の子どもたちは，年長の子どもたちに世話をされたり甘えたりすることによって，依存欲求が満たされて，心が安定していきます。

異年齢集団での交流を促し，「世話をする–世話をされる」体験を提供するピアサポートは，子どもの成長と心理的な安定，メンタルヘルスに役に立つのです。

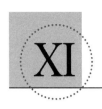

XI アサーション

アサーションは，自分も相手も大切にする自己表現の方法です。保護者とのかかわりや，同僚や管理者とのかかわりにさまざまなかたちで用いることができます。アサーションでは，人間の自己表現には，次の三種類があると考えています。

1 攻撃的な表現

自分を大切にするけれども，相手を大切にしない表現です。相手のことを配慮せず，自分の言いたいことだけを押しつけていきます。ストレスはたまりませんが，後々，人間関係のトラブルを引き起こします。「ドラえもん」でいうと，ジャイアンのような対人関係の持ち方です。

2 非主張的な表現

相手のことを立て，相手のことを大切にするけれども，自分の気持ちは抑えて，自分の言いたいことは言わない表現です。言いたいことがあっても言えずに，ぐっと抑えて我慢してしまいます。人間関係のトラブルにすぐには至りませんが，ストレスがたまりますので，自分のメンタルヘルスによくありません。またいずれ，気持ちがぷつんと切れて，トラブルに発展しかねません。「ドラえもん」でいうと，のび太くんのような対人関係の持ち方です。

3 アサーティブな表現

自分のことを大切にしながら，相手のことにも配慮して，自分の気持ちや考えを伝えることができる表現です。言いたいことがあっても，すぐに言葉にせず，一呼吸置いて，「どんなふうに言えば，相手に伝わるかな」「どんなふうに言えば，相手も自分を軽んじられていると思わずに，私の言葉を受け止めてくれるかな」と考えます。そのうえで，相手に伝えることができる表現です。「ドラえもん」でいうと，しずかちゃんのような表現です。

しかし，アサーティブに自分の気持ちを表現することは，実は大人でもなかなか難しいものです。たとえば，ある保護者に対してもう少し「相手に配慮した表現」を使っていればうまくいっていたものを，その「ほんの少しの配慮」が足りなかったために怒りを触発し，あとでクレームがきて精神的に追い詰められてしまったというようなことはないでしょうか。

あるいは，もう少し「相手に配慮した表現」を使っていればうまくいっていたものを，その「少しの配慮」が足りなかったために，同僚や上司（部下）との関係がギクシャクしてしまったことはないでしょうか。これは多くの場合，ご自分の表現スタイルが，知らず知らずのうちに「攻撃的な表現」に近くなってしまっているために引き起こされることです。

あるいはまた，同僚や上司（部下）に対して，「ちょっとおかしいな」「そこまで言うかな」などという思いを抱えながらも，何か言ってしまえばトラブルに発展するのがこわくて，ずっと「いい人」になって我慢し続けてばかりいる。おかげでストレスがたまっている。こんなことはないでしょうか。これは多くの場合，ご自分の表現スタイルが，「非主張的な表現」に近くなってしまうために引き起こされることです。

こうした事態を避け「保護者との良好なコミュニケーション」「同僚や部下（上司）との良好なコミュニケーション」を保つために，アサーションを学ぶこと（アサーション・トレーニングを受けること）がとても有効です。私は，保育関係の方々を対象にした「保護者や同僚との上手なコミュニケーション術」として，アサーション・トレーニングの研修会をおこなっています。まだアサーションを学んでいない先生方には，ぜひお勧めしたいと思います。

では，具体的にどうすればいいのでしょうか。

私は，アサーションが保育場面で重要になるのは，具体的には「断る」「お願いする」「気持ちを伝える」の三つの場面だと思っています。いずれも「ちょっと言いにくいこと」を上手に伝えるのが求められる場面です。

（1）保護者に対して，「言いにくい注意」や「お願い」をする場面

たとえば，保護者が停めてはいけないところに車を停めているようなときには，「きっと，すごく急いでおられるんですね。朝の電車に間に合うの，たいへんですものね。それはお疲れさまです。でも次からは，○○に停めるようにしてくださると，ありがたいのですが。お願いできないでしょうか」とお伝えします。

ポイントは，「つい，停めてはいけないところに車を停めざるをえなかった，その事情や気持ち」にも理解を示すところです。「この先生はわかってくれている。あまり迷惑をかけてはいけない」という気持ちに保護者はなっていくでしょう。

あるいは，子どもに朝食をあまり与えていない保護者の方に「親なんだから朝ごはんくらい，ちゃんと与えてください！」と叱り飛ばすのはよくありません。保護者のプライドは傷つき，「あの先生の態度は何だ！　上から目線で」と思われてしまう可能性もあります。こんなとき，たとえば次のような言葉で保護者のプライドに配慮し，「あなたのことを尊重していますよ。だから伝えるんですよ」という姿勢で言葉をかけてみるのです。

「そうですか。きっと今，毎日，すごくお忙しくて，朝ごはんの用意も，したくてもできないという感じなんですね。わかりますよ。私にも，そういうとき，ありますから……そんなとき，私はたとえば，菓子パンだけ置いていくようにしているんです。これはいかがですかね」

このときのポイントは，けっして「上から目線」にならないようにすること，ハードルを可能な限り下げて「無理なくできそうなこと」を提案することです。

（2）若年の先生に「言いにくい注意」や「お願い」を伝える場合

アサーションは，同僚の先生，若手の先生などに「言いにくい注意」を伝えたり，「お願い」したりする場面でも，有効です。

最近，多くのベテラン保育者の先生方が頭を悩ませていることのひとつに，「若手の先生にどのように注意をしたらいいか，わからない」ということがあります。「若手の先生にも育っていってほしいし。かといって，あんまり強く言うと，傷ついて，意欲を失ってしまいそうな気もするし……。いったい，どうしたらいいんでしょうか」と悩んでいるのです。

こんなときは，若手の先生の「傷つきやすいプライド」に配慮しながら，「あなたは本来，できる先生だとわかっているし，期待している」という気持ちを込めて，「具体的にしてほしいこと」を伝えることです。

たとえば，本来，力があるのに，あまり実力を発揮しているとは思えない若手の生にはこう言ってみましょう。「私，先生は本来，もっと力があると思っているんです。だからこの○○○○の仕事，ぜひ先生にお願いしたいんです。先生の持ち味が，発揮できる仕事だと思うからです。先生ならできますよ」

演習問題

●「保護者に，言いにくいお願いを伝える」エクササイズ●

①2人一組になりましょう。

②じゃんけんして，「先生役」「保護者役」になりましょう。

③保護者役は「最近お迎えに来るのが遅すぎることが多くなっている保護者」を演じ，先生役は「じょうずにお願いをする先生」を演じましょう。

④3分間演じます。

⑤それぞれがどんな気持ちになったか，先生役の言葉で保護者役はどのような気持ちになったか，ふり返りましょう。（2分）

⑥役割を交代しましょう。

⑦どのようにしたら「もっと早く迎えにきてほしい気持ち」をうまく伝えられるか，2人で振り返り，セリフを考えましょう。（5分）

（全体で15分くらいでできる実習です）

XII ソリューション・フォーカスト・アプローチ

　ソリューション・フォーカスト・アプローチは文字通り「解決志向のアプローチ」です。それは「原因志向のアプローチ」の逆の発想をします。

　「原因志向のアプローチ」では，「問題の背景には，原因がある。その原因をつきとめ，それを除去しなければ，問題の真の解決には至らない」と考えます。しかしこの発想で親や子どもにかかわっていると，私たちはしばしば絶望に追い込まれます。

　たとえばある子どもが最近，ちょっとしたことで落ち着かず，叫び声をあげたりしているとしましょう。ある先生は，「○○くんの両親が最近，夫婦ゲンカが絶えず，いつもお互いに大声で怒鳴り散らかしているらしい。その影響で，○○くんの気持ちが不安定になって，落ち着きがなくなって，叫び声をあげたりしているんだと思います」と言います。

　この「見立て（なぜ，この子はこうなっているのか，どのような状態にあるのかを考えることを「見立て」とか「アセスメント」と言います）」はおそらく間違ってはいないでしょう。もしかすると，生まれつきの器質的な問題もあるかもしれません。

　しかし，私たちには，両親の関係を改善することも，この子の器質的な問題を取り除くこともできません。「原因志向の考え方」をしていると，「そういう原因があることはわかったけど，私たちには何もできないね。じゃ，あきらめるしかないのか」となり，無力感や絶望感に襲われてしまいがちになるのです。

　一方，「解決志向の考え方」では，「原因」を取り除くことはできなくても「解決のためにできる小さなことはいろいろある」と考えます。そしてその「小さな，できること」に取り組んでいこうとするのです。

　私がまず，お勧めしたいのは，先生たちの「話し合い」の場面に「解決志向」の発想を取り入れることです。

　子どもについて「○○くんが落ち着かず，叫び声をあげていること。両親はケンカが絶えないこと」などの情報を共有しておくことは大切です。しかしより重要なのは，「○○くんについて，さしあたり，できることには何があるか」という発想で話し合うことです。

　「原因探し」「犯人探し」に終始するのをやめましょう。ほんの小さなこと（例「１日に１回，３分でよいので，ほかの子がいないところで，先生と○○くんの二人きりになって，話を聴いて，優しく抱いてあげる」）でかまいません。「とりあえず，自分にできること」「さしあたり，自分にやれること」を探して，それに取り組み始めること。それが保育の実践にかかわる人間に必要な発想です。

　「今自分にできる小さなこと」を積み重ねていくうちに，真の解決策が見えてくるのです。

● 第 3 章 ●

子どもにかかわる
保育カウンセリング

Chapter 3
Children

I　かんしゃくがとまらない子

▶▶▶かかわりの **Point**

- ●周囲の大人が感情的にならないようにしよう
- ●子ども自身も困っていることに気づいてあげよう
- ●かんしゃくを起こさせない予防策を考えよう

1　かんしゃくとは

　かんしゃくとは，フラストレーション状況で生じる爆発的な怒りの反応（恩田・伊藤, 1999）であるとされています。フラストレーション状況とは，欲求が満足されない状況のことで，その結果生じる不快感もフラストレーションと呼ばれます。「ちょっとしたことに怒りやすい性格」という表現も多いようです。

　かんしゃくを起している子どもの様子を見ると，大きな声で泣きわめく，そばにいる人を叩いたり蹴ったりする，あるいは近くにある物を手あたり次第投げつけるなどの乱暴・攻撃的な行動が，多くの場合に見られます。時には，攻撃の対象が自分自身に向かい，自分の身体を激しく叩いたり，髪の毛を掻きむしったり，壁や床に頭を打ちつけたりといった自傷行為が起きることもあります。

　かんしゃく自体は，人間なら赤ちゃんから高齢者まで，誰でも起こす可能性があります。冒頭で述べたように，かんしゃくは思うようにならないことや，非常に不満なこと，予測していなかったことが意に反して起きたこと等に対して，自分自身では解決できないために，そのストレスが怒りのかたちになって爆発すると考えられています。つまり，多くの場合，何かを欲している，あるいは，不快な何かを取り除きたいといった本人の欲求（原因）があるということです。さらに，欲求を満足させるための手段をもたない自分の代わりに，誰か他の人に自分の欲求をかなえてほしいという，他者へのアピールの要素が含まれていることも多いのです。また，子どもはもともと自分の感情をコントロールすることは上手ではありません。いったんかんしゃくを起こすと，当の子ども自身にもそれを抑えることができなくなり，子ども自身も困っているということが，実はよくあります。

2　周囲の大人が感情的にならないようにしよう

　まだ，言葉で自分の欲求を表現できない段階の子どもは，言葉の代わりに行動で欲求を示します。それがかんしゃくのかたちをとることは，珍しいことではありません。ところが，かんしゃくを起こした結果，欲しいものが手に入った経験をすると，かんしゃくを起こす（行動）ことで欲しい物（報酬）を得られるという行動パターンを学習し，その結果，かんしゃくが習慣化してしまっていることもあります。この場合の解決策としては，かんしゃくを起こしても，欲しいものがもらえるわけではないということを，新たに学習させることでしょう。つまり，あえてかかわらない（見て見ぬふりをする）ことで，行動に対する無報酬という経験を与えます。

　このタイプのかんしゃくは，一般的には，言葉を自由に使えるようになると減少すると言われています。かんしゃくを起こしている子どもは，怒りを爆発させているという一種の興奮状態にあるわけですが，そこに大人が，同じように興奮して，表情も険しく声を荒らげて叱るなどしてかかわると，子どもはかんしゃくをますますエスカレートさせてしまいます。かんしゃくを起こしている子どもの周囲にいる大人は，まず，投げて危ないものは取り除く，保育の場であれば他の子どもたちからも距離をとるなど，その子の安全を確保することに注意を向けましょう。そして，落ち着くまで見守るということを基本に考えますが，保育者に対して叩いたり蹴ったりという行動が激しい場合は「やめなさい」「どうしてそういうことをするの」などの禁止や叱責の言葉はできるだけ使わずに，身体全体で止める，ぎゅっと抱きしめて落ち着かせるなど，大人のほうも落ち着いて対応することが大事です。

3　子ども自身も困っていることに気づいてあげよう

　2歳半のカナちゃんは，乳児のときから泣き出すとなかなか泣き止まず，泣き方も激しかったそうで，母親も育てやすかった2歳上の姉とは違う「気難しい子」だと思ってきたそうです。現在，カナちゃんは保育所に通っていますが，保育所でも頻繁にかんしゃくを起こし，そのつど保育者がつきっきりになるそうです。今日も，自分のタオルかけに，間違ってほかの子どものタオルが掛かっていたのがきっかけで，その場でかんしゃくを起こし，タオルかけをいきなり引き倒し，さらに自分の腕を噛みながら，泣きわめき続けています。

　近くにいた保育者がすぐにタオルかけを元どおりにし，担任の保育者は，「カナちゃんの場所なのに，ほかのお友だちが使って，いやだったね」と言いながら，カナちゃんをしっかりと抱きしめて，落ち着くのを待ちました。そして泣き声が止まると，間をおかずに「落ち着いた？　よしよし，我慢できたね，偉かったね」と，落ち着けたことを褒めました。そしてカナちゃんに，間違えて掛かっていたタオルをはずして，自分のタオルを掛けるように話しかけて促し，その様子を見守りました。

カナちゃんは，言葉の発達がやや遅く，２歳半を過ぎようとしていますが，ようやく二語文を話すようになり，発音も未熟で聞き取りにくいことがよくあります。保育者は，カナちゃん自身が，まだスムーズに適切に自分の欲求を伝えられない段階ととらえて，じっくりと辛抱強くかかわる方針です。

4　気持ちの言語化を援助しよう

　言葉を話すようになった子どもでも，自分の気持ちを適切に言い表すのは難しいものです。そういうとき，保育者ができることとして，その子自身の気持ちや，他者の気持ちを言語化して示してやることとか，そのときの心の状態を，絵カードなどのツールを用いて可視化することなどが考えられます。気持ちを受け入れ，共感し，言語化するというカウンセリング・テクニックです。時間が来たので片づけるように言われたことで，かんしゃくを起こした３歳半のユウくんと保育者との会話です。

会　話　例

> 保育者「さっきは，ブロックのお城を完成させたかったのに，片づけの時間と言われていやだったんだよね。それで，ユウくんは怒っちゃったんだよね」
> ユウ「うん……」
> 保育者「ユウくん，どんな気持ちだった？」
> ユウ「……」
> 保育者「まだ，やっていたいのに〜。なんでやめなきゃいけないんだよ〜って思ったよね？いやだよ〜って先生に，そう言いたかったよね？」
> ユウ「うん……」
> 保育者「（顔の表情を段階的に表したカードを示して）そのときのユウくんのお顔は，どれだったと思う？」
> ユウ「これ（指さす）」
> 保育者「そうだね。これはどんな気持ちのお顔？」

　表情と結びついている感情を子ども自身が言葉で表し，保育者がそれを確認し，伝え返すことを繰り返し行いながら，子どもが自分自身の気持ちを，まずは言葉で表現できるように援助していきます。

5　かんしゃくを起こさせない予防策を考えよう

　では，言葉で言えるにもかかわらず，かんしゃくを繰り返す場合には，どのようなことが考

えられるでしょうか。一般的に，第一反抗期を脱するころの子どもは，自己主張するばかりでは人間関係がうまくいかない，あるいは我慢ができたことを褒めてもらえた，といった経験を経て，自己抑制（我慢する，人に譲るなど）の力を伸ばしてきます。自己主張と自己抑制のバランスをとりながら，友だちや養育者，保育者との関係を発展させていくのです。ところが，こうした自分の気持ちの調整（自己調整）がスムーズにできないタイプの子どももいます。

　4歳半のタケルくんは，よくかんしゃくを起します。保育室でかんしゃくを起こすと，タケルくんの大きな奇声が園庭にまで響き渡るため，担任以外の保育者も，すぐにわかります。かんしゃくの原因は，友だちとの物の取り合いのほかに，着替えの際にボタンがうまくはめられない，絵を描いているときに，友だちの腕があたって，タケルくんの塗っていたところがはみ出してしまった，など日常のちょっとしたことです。家庭でも，好きなゲームをあまり長時間やっているのを親がやめさせようとすると，手がつけられないくらい暴れるとのことです。自分の意志に反して気持ちの切り替えを迫られることは，かんしゃくにつながります。次に何が起きるか，そのためにどのような行動が必要か，つまり子ども自身が見通しをもてるような情報を伝えること，これは言葉でも視覚的情報でもよいでしょう。

会　話　例

保育者（クラスの全員に伝えた後で）「タケルくん，いまからお外で遊ぶけど，今日はそのあと何があるんだっけ？」

タケル「えーと，体重をはかる！」

保育者「そうそう，タケルくん，体重増えてるかなー？　だから，いつもより早く，どうするんだっけ？」

タケル「えーと，お部屋に戻る！」

保育者「そうだね！　先生が合図したら，戻るんだね」

6　日頃からちょっとした行為を認めたり，褒めたりできるところを探そう

　保育者は，保護者とも話し合って，タケルくんが家庭でゲームをする時間を，時計の針の位置で決めること，ルールを守れたら，シールを貼っていくことをタケルくんと話し合って決めました。買い物に行く際も，前もって，何を買うか，買わないかの約束をすることにしました。ただし，約束事があまりにも多くなってしまうと，その効果も薄れます。しつこくならない程度にすること，また，タケルくんがルールや約束を守れたときや自分の気持ちを抑えてかんしゃくを起こさないでいられたり，かんしゃくを起こしたとしても短い時間で立ち直れたと

きには，そのことを認めて評価するような言葉をかけることを心がけました。

7 発達障がいとかんしゃく

　かんしゃくが長時間続く，あるいは1日に何度も起こるような激しいかんしゃくは，発達障がいとの関連が疑われることがあります。かんしゃくと発達障がいの関係は，まだ科学的に解明されているわけではありません。しかし，ADHDや自閉スペクトラム症の特徴として，情緒面の自己制御が困難であることや，相手の気持ちや状態を素早く察知することが苦手というような点があります。知的発達に遅れのない発達障がいの子どもの多くは，発達段階に応じて，やっていいことと悪いことを理解できても，実際の行動にはそれが現れないことが多いのです。人間関係のさまざまなスキルは，人とかかわる経験の積み重ねの中で，自然に身につくと思われがちです。しかし，発達障がいのある子どもは，自然にできるようになると期待されること自体が負担になりかねません。それよりも，適切な対応の仕方を，その都度あるいは計画的に教えていく方法を考えると良いでしょう。

会 話 例

ミノル「どうして叩いちゃうのか，わかんない。知らないうちに叩いちゃってる」
保育者「叩きそうになったとき，我慢できそうかな？」
ミノル「……」
保育者「叩きそうになったときに，こうやって両手でギュッと握りこぶしをして，イチ・ニ・サンって心の中で数えてみたらどうかな？　ちょっとやってみる？」

　また，手におえないほどの興奮や，かんしゃくを起こしたときの対応に，タイムアウトという方法があります。かんしゃくのきっかけになった，あるいはかんしゃくをエスカレートさせるような刺激が目に入っているような場合，そうした刺激をシャットアウトする必要があります。そのためには，その場から引き離して，刺激の少ない静かな場所に連れていき，そこで落ちつくまで大人からのかかわりも控えてひとりにします。ただし，まったく目を離すのではなく，危険のないように注意しながら，大人は少し離れたところで子どもの様子を見守ります。落ち着いたら，子どもの気持ちも受け入れながら，どうすればよかったのかなどを分かりやすく話していきます。

■参考・引用文献
恩田 彰・伊藤隆二（編）(1999)．臨床心理学辞典．八千代出版．

II 友だちと遊べない子

▶▶かかわりの **Point**

● 親子関係を見つめよう　● 無理強いはやめよう　● 保育者が仲立ちをしよう

　生まれて間もない赤ちゃんが，隣のベッドの赤ちゃんの泣き声につられて泣き出すことがあります。これは，他児に対する発達初期の共感的反応の現れと考えられており（清水, 2015），赤ちゃんはすでに，他児に対する意識や関心をもっているともいえるでしょう。しかし，「あの子は何をしているんだろう」とか「同じことをしてみたい」「一緒に遊びたい」といった，ある程度明確な興味・関心をもって他児を意識し，さらに近寄っていこうとするのは一般的に2歳過ぎころからとされています。最初は他児との間に意図的なやりとりはないものの，同じ場所，同じおもちゃや遊び方を共有する平行遊びが多くみられますが，3歳を過ぎてくると，言葉でのコミュニケーションがより盛んになり，互いにやりとりをしながらの連合遊びがみられるようになります。さらに幼児期後半になると子どもたちの間に役割分担が存在するような協同遊びへと発展していきます。このような他児との遊びを通して，子どもは友だちとしてのお互いの関係性を深め，自らの社会性を発達させていくのです。

　保護者の多くは，自分の子どもに，友だちと仲良く遊んでほしいと願っています。そのため，公園や児童館などに子どもを連れて行ったときに，他の子どもとあまり関わりをもとうとしない，あるいは遊びの中に入っていけない我が子の姿を見ると「うちの子は友だちと遊べない」「幼稚園や保育園で，友だちとうまくやっていけるだろうか」と心配します。こうした保護者の心配は，発達的な観点から考えても，もっともなことであると言えるでしょう。

1 親子関係に着目

　友だちへの関心が本格的に行動となってくるのは2歳過ぎからだと述べましたが，それまでに重要なのが身近な大人との関係，特に養育者（多くは親）との間の愛着形成です。子どもが不安や恐怖に襲われたときに，拠りどころとなる人は，通常は養育者（母親であることが多いが，母親に限定はされない）です。愛着関係は時間をかけて形成されますが，人見知りや後追いなどの時期を経て，愛着形成の最終段階（2〜3歳以降）になると，子どもは愛着の対象である養育者を内在化できるようになるため，養育者が自分の視野にいなくても，心の安定を保てるようになります。そして，それと並行するようにして，養育者や家族以外の他児・他者との人間関係が外に向けて広がっていくのですが，ここで留意すべきことは，順調な愛着形成を

通して，他者全般に対する基本的信頼感が育まれるということです。つまり，人生の最初に経験する人間関係の中で，不安や恐怖に襲われたときに拠りどころとなる心の中の安全基地が確立すると，人間全般に対する基本的な信頼感を得ることができ，それを足場にして家族以外の広い人間関係に踏み出していけると考えられています。

　以上のことから，友だちに対して積極的にかかわれない子どもの中には，愛着形成の段階にさかのぼって考える必要のあるケースが出てきます。幼稚園に入園して半年経ったユキちゃんの母親の話です。

会 話 例

> 母親「もう半年も経つのに，朝はいまだに幼稚園に行きたがらないし，お迎えに来るといつも一人でぽつんとしていますよね。それに日曜日に公園に連れて行っても，知っているお友だちが遊んでいるのに近寄らないんですよ。私の傍を離れないんです」
>
> 保育者「そうですか……。お母さんのそばから離れないんですね……」
>
> 母親「お友だちと一緒に遊んできなさいって言うんですけどね……。幼稚園に入れば，少しはそういうところが直っていくのではないかと期待していたんですけれど，もう何だかこの子を見ているとイライラしてきてしまって」
>
> 保育者「自分からお友だちの中に入っていけないので，お母さんとしては，ちょっとがっかりしていらっしゃるんですね」

　母親は，ユキちゃんが最初の子どもということもあり，育児書やネットの情報などを熱心に収集し，ユキちゃんの発達に細心の注意を払って育ててきました。そのため，現在のユキちゃんの状況に対して心配と同時に，焦りや不満といった感情も抱いているようです。保育者は，母親のその気持ちが，ユキちゃんに対する言動にも表れ，ユキちゃんの不安を強めていると感じていますが，母親の気持ちも大切にしなければと考えています。

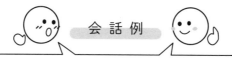

会 話 例

> 母親「先生，このままで大丈夫でしょうか」
>
> 保育者「ユキちゃんは，朝，お母さんとお別れした後は少し元気がないけれど，このごろはお友だちとも楽しそうに遊ぶようになってきていますよ。お母さんがお迎えに来ると，ほんとにいいお顔になりますよね。今，ユキちゃんは，ちょっと大げさに言うと，お母さんの側を離れたくない気持ちと，離れてお友だちと遊びたい気持ちの間で葛藤しているのかもしれませんよ。お母さん，あまり心配しすぎないで，もう少し私たちと一緒に見守っていきませんか？」

2 友だちとのかかわりを強いることはしないようにしよう

　愛着形成が順調に進んでいるように見える子どもでも，友だちへの興味・関心のもち方や表し方にはかなりの個人差があります。たいへん社交的に，積極的に他児にアプローチしていく子どももいれば，他児をじっと見つめるばかりで，なかなか近寄れない子ども，さらに3歳を過ぎても友だちにあまり関心がなく，ひとりで遊ぶことのほうを好む子どもなどさまざまです。もともと大人しく内向的な気質の子どもは，その性質が行動に表れている可能性もあります。友だちの中に入っていくことに消極的な子どもについては，大人が無理やり仲間に入れようとしても，ますます身を引いてしまうかもしれません。ですが，自分から出ていくのは不安だけれど，友だちと遊びたいという気持ちがある場合には，保育者はそこの部分を共有・共感することが大事でしょう。そして，まずは保育者と子どもとの関係を，安心できるような，温かいしっかりしたものにしていきます。

会　話　例

```
ケイ（鉄棒によりかかって，砂場のほうを見ている）
保育者（ケイちゃんを見ながら）「砂場にいるお友だちは，みんなで何かつくってるみたい
　　だね。何をつくってるのかな？　お山みたいに見えるね」
ケイ（うなずく）
保育者「ケイちゃんは，砂場，好き？」
ケイ（うなずく）
保育者「うん，砂場は楽しいよね。あ，ユウちゃんも，砂場にいるね。ケイちゃんも行って
　　みる？」
ケイ（首を横に振る）
保育者「そうか，わかったよ。じゃあ，また，今度にしようね。ケイちゃんは，今日はここ
　　で先生と一緒に鉄棒しようね」
```

　子どもの「行ってみたいけれど，でも，踏み出せない」気持ちを，ゆったりと受け止め，「それでもいいんだよ」というメッセージを送りながら，タイミングをみてそっと背中を押すイメージです。園では，保育者が子どもの安全基地の役割を果たさなければなりません。

3 保育者が仲立ちをしよう

　仲間に入りたい気持ちが強いけれど，気質としての内気さや，自信のなさ，恥ずかしさをも

つ子どもや，どうやって入っていったらよいのか分からずタイミングを逃してしまう子どもの場合，保育者が他児との仲立ちをすることにより，以後の子ども自身の自発的な行動につなげていけるとよいでしょう。

　3歳児の保育室の一角で，数人の男児がプラレールのレールを次々とつなげながら，電車を走らせて遊んでいます。次はどれをつなげるか，この電車はどこに行くのかと会話も弾んでいます。セイヤくんが，一緒に遊びたそうな表情で，その様子を見ています。

会話例

保育者「セイヤくん，プラレール，面白そうだね。一緒にやりたい？」
セイヤ「うん」
保育者「じゃあ，『入れて』って言ってみようか。言える？」
セイヤ「……」
保育者「じゃあ，先生と一緒に言おうね。（男児グループのひとりに）シュンくん，セイヤくんが『入れて』って言ってるんだけど。ね？　セイヤくん？」
セイヤ「うん……」
保育者「セイヤくんも入っていい？」
シュン「いいよー」

　また，日頃から，セイヤくんが得意なことを見つけておき，他の子どもたちがそれに気づくように保育者が配慮するということも良いでしょう。友だちから注目されたり，称賛されることによって，セイヤくんが自信や自尊心を高めることが期待できます。友だちも，セイヤくんに対して働きかける機会が増えます。

演習問題

　友だちとのかかわり方を自然に体験できるカウンセリング技法として，構成的グループエンカウンターがあります。保育現場で使えるエクササイズには，「じゃんけん列車」などがあります。本書39頁の「がんばり見つけ――エンカウンター」の説明も参考にしながら，①上述のセイヤくんが友だちとのかかわりを楽しめるようなエクササイズを各自が考え，②4人一組のグループになって，それぞれが考えたエクササイズのアイディアを出し合ってみましょう。

■参考・引用文献
清水（加藤）真由子（2015）．向社会的行動に関する比較発達心理学的検討．未来共生学，2，83-96.

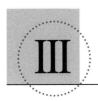

III ケンカが絶えない子

1 ケンカとは

　まず，「ケンカ」とはどういうことでしょうか。『保育用語辞典』(2016) では「子どもどうしが組み合ったり，もつれあったりすること。ただし，これをケンカと見るか遊びと見るかは当事者がそれをいずれと認識しているかによって異なる」とあります。『発達心理学辞典』(1995) では，「相互の利益・要求や意図・主張が対立し，葛藤状態に陥ったとき，すなわちいざこざが発生したとき（中略）どちらも主張を引くことなく，またうまく調停されることもないまま，暴力による激しい対立にいたり，一方の服従によって対立を抑圧的に解消する場合がケンカである」と説明しています。ここで言う暴力には，身体的・物理的な暴力のほかに口げんかのような心理的暴力も含まれます。

　ケンカは，してはいけないもの，すべきでないものととらえられがちですが，子どもの発達においては，適度なケンカの体験は，どんなときにトラブルになるのか，トラブルが解決されないとどうなるのか，そしてどのようにすると，そのトラブルは解決できるのかという社会性を発達させる，よい機会であると考えられています。

2 発達段階に沿ったかかわりをしよう
——自我の芽生えの時期——

　ケンカは，自己主張のぶつかり合いですから，自我の発達とも密接な関連があります。発達的には 2 歳ごろからの第一反抗期の時期を自我の芽生えととらえるのが一般的で，この時期の子どもは，自分の欲求をあくまでも通そうとしたり，人にやってもらうのではなく自分でやりたいと主張します。言葉で「イヤ」「ダメ」「ジブンデ」と言うほか，泣いたり，地団駄を踏んだり，地べたに寝転んだりと激しい抵抗行動を示すこともあります。

　第一反抗期には，精神的自立への第一歩という重要な発達的意義がありますが，自己を強く

押し出すことは，他者との間に軋轢を生み，その結果相手とのトラブルになります。自己主張は，親や年上のきょうだいから見れば「反抗的」ととらえられがちですが，多くの面で対等な仲間同士においては，ケンカというかたちになります。この年齢では物の取り合いのケンカが頻繁に起きます。また，言葉でのケンカではなく，一方が欲しいものをいきなり奪い，奪われたもう一方は叩いたり，ひっかいたり，噛みつくなどの直接手や足が出てしまうケンカになりがちです。

　ユウちゃんが見ていた絵本が欲しくて，ミイちゃんが何も言わずに取ろうとし，引っ張り合っているうちに，叩き合いになりました。2人とも2歳を過ぎたところですが，ユウちゃんに比べて，ミイちゃんは，他児の持っているものや使っているものを，このようにいきなり取ろうとすることの多い子どもです。

会　話　例

> 保育者（2人を離しながら）「2人とも，この本が欲しいんだね。でもミイちゃん，叩いたらユウちゃんは痛いよ，叩かないでお話ししてみよう。ユウちゃんも，叩かない」
> 保育者「ミイちゃんは，欲しかったら，何にも言わずに取るんじゃなくて，なんて言うんだったっけ？」
> ミイ「……」
> 保育者「『貸して』だよね。貸してって言おうね。わかった？　じゃ，『貸して』って言ってみよう」

　叩く，噛みつく，蹴るなどの暴力に対しては，怪我に至る前にまずは止めることです。そのうえで，双方に言葉での意思疎通の仕方を教えていきます。

3　発達段階に沿ったかかわりをしよう
——幼児期後半——

　3歳を過ぎた子どもたちの間でも，まだ物や場所をめぐる争いは多くみられますが，言葉で「貸して」や「ごめんね」が自分から言えるようになるにつれて，黙って物を奪うようなことは少なくなります。一方，自分が使っていたものをいったん放置して，また戻ってきたときに他の子どもが使っていると，「それは自分のものだ」と主張して生じるようなケンカが多くなります。

　4～5歳では，言語能力も一段と上がり，心の理論も獲得されてくるので，年少児のときよりも相手の立場に立つことが，可能になってきます。規則やルールの理解も進み，それらを守ることが正しく，守らない者がいると厳しく指摘する子どもが出てきて，それがケンカの原因になります。

　5～6歳になると，叩いたり蹴ったりのケンカがなくなるわけではありませんが，言葉の応

酬によるケンカが激しくなります。しかし，ケンカの仲裁をする子どもも現れ，自分たちでケンカを解決できることも多くなってきます。

4 自分の気持ち，相手の気持ちに気づかせよう

　タクヤくんは4歳半，両親と3つ年上の姉，1つ年下の弟のいる5人家族です。ある日，外遊びの前にクラス全員がトイレを済ませるというときに，トイレの入り口で，「なんで，押すんだよー」「押してないよ，タクヤくんが押したんじゃない！」「なんだってー，オレは押してないよ，押したのはお前だよー」と押した・押さない，の押し問答から摑み合いのケンカになりました。保育者は，周囲の子どもたちから状況を聞くと，2人を保育室に連れて行きました。

会 話 例

保育者「何があったか，先生にお話ししてごらん」
タクヤ「ぼくが並んでたら，トモちゃんが押してきた」
保育者「そう，タクヤくんが並んでたら，トモちゃんが押してきたんだね。それはいやだったね。でも，トモちゃんにも聞いてみようね。トモちゃん，タクヤくんのこと，押したのかな？」
トモ「ちがうよ，わたしが並んでたのに，タクヤくんが割り込んできて，わたしのこと押したんだよ」
保育者「あれ，タクヤくんの話とちょっと違うね。トモちゃんは並んでたら，タクヤくんが横入りして，押されたんだ。それは，トモちゃんも，いやだったね。タクヤくん，トモちゃんはこう言ってるけど，どうだろう」

　保育者は両者の気持ちを言語化し，言い分を聞くという基本的な態度で接しています。このあと，複数の目撃証言から，タクヤくんに非があると判断される場合は，タクヤくんにそのことを納得させたうえで，トモちゃんに謝ることを，トモちゃんには相手を許すことを教えるでしょう。このようなやりとりは，どこの園でも行われているかもしれません。しかし，子どもが自分の気持ちを振り返り，相手の気持ちに思いを向けられるかどうかは，保育者が中立の立場で，声の調子も威圧的にならないよう，また一方の非がわかっていても，あからさまに態度に表さないように，自分の発する非言語コミュニケーションが子どもにどのように伝わるかを，注意深く意識できているか否かにかかっているといってもよいでしょう。

　乱暴でケンカの多い子どもは，往々にして叱られることはあっても，褒められることは少なくなりがちです。上のタクヤくんも，先生に諭されて結局はいつも自分が謝って終わるという経験の繰り返しだと，叱られ続けて自信を失ったり，逆に攻撃性を増大させる可能性がないとはいえません。

保育者「タクヤくん，さっきは，トモちゃんにすぐにごめんねって言えたね。先生はそれを聞いて，とっても嬉しかったよ」

このような言葉が，いつも最善とは限りません。しかし，子どもが自分でとった行動を「きちんと見ていましたよ」「私は，○○のように感じましたよ」と伝えていくことは，子どもの自己肯定感を育てることにつながり，こうした配慮の積み重ねが大切です。

5 行動の背景にあるものを考えよう

　子ども集団において，ケンカは「日常茶飯事」と考えてもいいでしょう。しかし，保育者からみて，明らかにケンカの回数が多いとか，乱暴すぎる場合は注意深い対応が必要です。ケンカが起きる前の状況から，逐一観察するということは，日常の保育場面ではかなり難しいことですが，担任だけでなく，複数の保育者の目でみることで，いつ・どのようなときに・誰とケンカが起きるのかということを整理することができるかもしれません。ケンカの多い子どもについては，園全体で情報を共有し，かかわることが必要です。

　ケンカが絶えないということは，当人の心の中に何かしら「気に入らないこと」があるということです。今，目の前で起きたことに直接その場で腹を立てる，つまり原因がその場面にある場合と，当人の心の中に継続的に不満がくすぶっていて，それがちょっとしたきっかけで暴力的な行為や言葉になって出てくる場合とが考えられます。

　後者の場合，あらためて子ども自身の環境を整理し，環境要因を探ることが必要でしょう。たとえば，前頁の会話例のタクヤくんは3人きょうだいで，特に弟とは1歳しか違わないので，家庭でも弟と張り合うような場面が多いかもしれません。このように，親子関係をはじめ，家族関係や家庭内での事情など，情報をできるだけ収集することです。親同士の争いを常に目にしているとか，親が一方的な感情で子どもにかかわりがちであるなど，家庭内での人間関係が子どもの行動に影響を与えることはよくあります。本書第4章にあるような，保護者とのかかわりや保護者支援が，ケンカが絶えない子どもの行動を変えていくことにつながります。

■参考・引用文献
岡本夏木・清水御代明・村井潤一（監修）(1995). 発達心理学辞典. ミネルヴァ書房.
谷田貝公昭（編集代表）(2016). 保育用語辞典［新版］. 一藝社.

保育者になつかない子

▶▶かかわりの **Point**

- ●園が安心して過ごせる場所であることを伝えよう
- ●そのためには，まず保護者と担任のリレーションをつくろう
- ●子どもが自己肯定感をもてるようにしよう

1 ユイちゃんの事例

　ユイちゃんは入園当初，母親と離れるとき泣いていました。母親は玄関で外靴を脱がせ上靴を履かせて，担任のケイコ先生にユイちゃんを任せて玄関を後にしました。ユイちゃんは保育室に入ってからも，しばらく泣いていましたが，1 カ月が過ぎ園生活に慣れると泣くことはなくなりました。しかしユイちゃんが登園してきたときに，ケイコ先生が「ユイちゃん，おはよう」と声をかけても返事は返ってきません。やがて，同じ地域から登園している月齢の高いミキちゃんが，遊ぶときにユイちゃんを誘うようになり，ミキちゃんが話しかけたことに関しては，少しずつ声を出すようになりましたが，ケイコ先生に対しては一言も話しません。

　ケイコ先生はユイちゃんが自分を嫌っているのではないかと考えるようになりました。

（1）事前情報

　家庭には小学 3 年生の姉がいて，学校から帰るとユイちゃんと一緒に遊び，お世話することにも一生懸命でした。着替えや片づけなど身の回りのことは，自分からすることがないため，つい母親かお姉さんが手伝ってしまいます。また，家ではとてもおしゃべりで，ままごとやキャラクターの人形を使う遊びやお絵描きが大好きです。

　母親は高学歴で，新卒の若い担任が不安だということを主任先生に話していたことがあります。

（2）幼稚園での様子

　年少から進級してきた友だちは，身の回りの始末をすべて自分で行い出席ノートにシールを貼り，スモックに着替えると，仲の良い友だちと園庭に行き遊び始めます。

　ところが，ユイちゃんにとって幼稚園は家と違い，すべて自分で行わなければなりません。さらに友だちと遊ぶのにもきっかけがつくれずに，何をどのようにしたらよいか立ちすくむだ

けで，涙が出てしまっていました。

　ケイコ先生は，ユイちゃんが早く幼稚園に慣れて，一人でなんでもできるように，「～しましょう」「次は～ですよ」と指示することが多く，母親にもお迎えのときに「一人で～できるように家でも練習してください」と話すことが多くなりました。

　しかし，そのことがユイちゃんにとっては負担に感じられ，何もできないことでさらに自信をなくしていました。母親自身もケイコ先生には注意するだけでなくて，もう少し子どもに寄り添ってほしいと考えていました。

（3）子どもとのリレーションづくり

　登園時，ユイちゃんの身につけているもの（たとえば通園バックにつけているキーホルダー）を話題にします。

> 保育者「このキーホルダー，素敵ね」
> 母親「おばあちゃんが沖縄に行ったときのお土産で，昨日送ってくれたのよね」
> 保育者「そうですか。おばあちゃんはどこに住んでいらっしゃるのですか？」
> 母親「○○に住んでいます」

　ユイちゃんは一言も話しませんでしたが，母親と担任が話しているのを安心した表情で聞いています。

（4）保育室にて

> 保育者「ユイちゃんはおばあちゃんのお家に遊びに行ったことあるの？」
> ユイ「ウン（うなずく）」

　ユイちゃんが花の髪飾りをつけてきたときには，「かわいいのをつけているね」と声をかけると，小さい声で「ママに買ってもらった」と返事が返ってきました。

2　親とのリレーションづくり

（1）今できていることを強化しましょう

　外遊びをする際に自分で靴を履き替えたことを，降園時母親に伝えたところ，

> 母親「えー本当ですか？」
> 保育者「それから，砂場で遊んでいるとき，年少さんがスコップを探していたら，見つ

　ユイちゃんは家庭で，母親や姉にお世話してもらっている経験から，他の子が困っていると
感じるとお手伝いができるのです。それは，家庭で愛されているという愛着がしっかりできて
いるということにもつながります。

　また，ケイコ先生が自分を見ていてくれたとわかったことや，お母さんに褒められたことか
ら自信が少しずつ出てきて，ケイコ先生が声をかけたときに返事をするようになりました。外
遊びをしたいときには自分から「お外」など，単語でお話しするようにもなりました。

　着替えや，身の回りのことについては，保育者ができないところだけさりげなく手伝い，や
り方のコツを伝えることで，ユイちゃんがなるべく一人でできたという自信がもてるようにし
ました。そのことで，自己肯定感ももてるようになりました。

　外遊びやホールでは，数名の子どもも誘って，「はないちもんめ」や「だるまさんがころん
だ」など，ユイちゃんが友だちと一緒に遊ぶことが楽しいという経験を，たくさんできるよう
にしました。

（2）先生大好き

　6月のある日，ケイコ先生が風邪をひき，発熱のため欠勤しました。そのときは他のクラス
の先生が手助けに入り，ユイちゃんも普段どおり友だちと遊び，食事もして，降園の時間に
は，玄関でお迎えを待っていました。お母さんが迎えに来ると，すぐに「今日，ケイコ先生お
休みしたの」とお話ししていました。

　後日，お母さんからのお話しで「家に帰ってからも，『ケイコ先生大丈夫かなー』」と心配し
ていたことがわかりました。さらに，お母さんが「ケイコ先生お休みで寂しかった？」と聞く
と「ウン，だってユイね，ケイコ先生大好きなんだもん」とお話ししたそうです。

　普段と違うことが起きたときに，今まで気づかなかったことに気づいたりします。我が子が
担任を好きだということで，母親が担任に対して信頼感をもち，担任もまたそのことを知り保
育者としての自信につながったのではないでしょうか。

　ユイちゃんも，いつも自分に声をかけてくれて，できないときは助けてくれるケイコ先生が
いることで，安心して幼稚園に通うようになりました。

V 関心をもったり集中したりできない子

▶ ▶ ▶ かかわりの *Point*

- どんなことに関心を示すのか観察しよう
- 集中できないのは，環境・発達・生まれつきの気質なのか見立てよう
- 集団生活の場ではルールがあることを伝えよう

　保育の中で集団行動が難しいと感じる子どもがいると，家庭でのしつけや経験によるものなのか，生まれつきもった気質なのか，それとも子ども自身の発達の遅れか判断が難しいところです。特に園生活のルールが身につかなかったり，他の子と一緒の行動ができなかったりすると，発達障がいではないかと心配する親御さんや保育者も多くなっています。

　子どもの成育歴を知るとともに，親御さんは子育てしている中でどんなところに大変さを感じているか，子どもは集団生活の場で，困っていることはないかを考える必要があります。また，子どもが得意なことや，関心をもって集中できるのはどんなときかを観察しそれを強化するようにします。

1 サトルくんの事例

（1）サトル君の成育歴──生まれてから入園前まで

　家族は父母サトル君の3人家族です。サトル君は，赤ちゃんのとき夜泣きがひどく，お母さんは2時間おきに起こされ苦労したと話していました。3歳になっても言葉が出ないので，幼稚園の子育てサークルに参加しました。新しいところに行くと最初は泣き出しましたが，母親が一緒ということで，玩具に次々関心を示し，思いっきり遊び，帰る時間には「帰りたくない」というそぶりを見せました。

（2）入　園　後

　年少組に入園した4月当初，母親が帰るときにちょっと不安そうな表情をしたものの，保育者に誘われると，すぐにブロックやパズルで遊び始めました。外遊びのときは，滑り台やブランコなど固定遊具で遊んだり砂遊びをしますが，順番に並ぶことや遊具はみんなで使うなどのルールが理解できないので，トラブルになってしまいます。外遊びの後に「手を洗って，うがいをしましょう」と声かけしてもやりたがらず，トイレへも自分から行くことはなく，担任か

ら何度も促されて行きます。

　昼食前や降園の際は，遊んでいる遊具の片づけを促されても遊び続けています。また，ひとつの活動をしているとき，他の情報が入ってくると興味関心が移ってしまうことがあります。

　幼稚園のルーティン（登園したら通園バッグから出席カードを出してシールを貼る・コップや手拭きタオルを掛ける・外に行くときはクラス帽子をかぶるなど）をこなすことが，４カ月経っても身についていません。また友だちにも関心がなく，誘っても一人遊びを続けます。

（3）原因として考えられること

①ルールの無理解や，身の回りの始末や片づけができないのは，学ぶ機会がなかったからか，あるいは周りの大人がなんでもやってあげていたのではないでしょうか。

②ひとつのものを大切に扱うことがなく，執着心もないのは，家庭でたくさんの玩具に囲まれているためと考えられます。

③友だちとかかわって遊ぶ楽しさを，まだ経験していないと考えられます。

④食事のために遊びを中断するなど，活動が変わるときに泣くのは，場面変化に弱いととらえられます。

⑤発達に問題があるかどうかは，今後3歳児検診や保健センターでの検査の結果を情報提供してもらいます。

 会話例：母親の気持ちに共感する

保育者「サトル君はブロックで，乗り物や建物をつくるのが得意ですね」

母親「そうですね。ブロックは好きです」

保育者「お家では他にどんな遊びをしているのかしら？」

母親「ミニカーやキャラクターものがたくさんあるので，次々いろいろなもので遊んでいます。ビデオも好きなので，ひとりで遊んでいるときは，手がかからなくて楽です」

保育者「食事やお風呂に入るときは，どのようにしていますか」

母親「遊びに夢中になっていると食事時間になっても止めないし，お風呂は嫌がってなかなか入らなのでその点は本当に困っています。結局怒ってしまいますが，片づけるのも嫌いなので，そのままにして，最後は私が片づけてしまいます」

保育者「お母さん，困っていらっしゃるのですね」

 会話例：うまくいったことを強化する

保育者「今日ミニカーを片づけるときに，『サトル君，駐車場に車入れたいけど，どんな駐車場がいいかな？』と聞いたら，『これ，いい！』と言って，お菓子の空き箱を持ってき

て，それに全部入れてくれましたよ」

母親「本当ですか？」

保育者「『ありがとう』と言ったら得意そうな顔をしていました」

母親「家でも褒めてみます。それから怒らないで，良い言葉かけを考えてみます」

保育者「それは良いですね。お母さんが考えてうまくいった言葉があったら教えてくださいね」

（4）園での取り組み

サトルくんが気に入っている遊びや運動は，十分楽しめるようにします。ブロックや積み木で遊ぶ際には「何ができたかな？」「こっちに〜する？」「何になるかな？」などとイメージをもって遊ぶ楽しさや，工夫することでひとつの遊びが発展できることを経験させます。

クラスでじゃんけん遊びやわらべ歌遊びなど友だちとかかわる活動を取り入れたり，積み木や砂遊びでも友だちと一緒につくることの楽しさを感じられるような機会をつくります。

身の回りの始末や，正しい生活習慣の方法などは絵カードを使って，ていねいに指導します。

サトルくんについて他のクラスの保育者にも話し，登降園時や自由遊びの時間の様子で，気がついたことがあったら教えてもらいます。

（5）家庭との連携

個人面談のときに園での様子を伝えますが，得意なことや楽しんでいることの他に，サトルくんが困っていることも具体的に話します。そのうえで次のような提案をしてみます。

● 身支度や身の回りの始末がうまくできなくて困っていることを伝え，「できない」と言ったときにすぐにやってあげるのではなく，やり方のヒントを出しながら，ゆっくり見守っていることを話します。そのうえで，家庭でも同じようにやってみてはどうかと提案し，少しでも一人でできたら，大いに褒めてくださいとお願いします。

● 保育室で隣に座っている友だちの名前を伝えたり，同じ遊びをした友だちのことを母親に話し，友だちに関心を示すような働きかけを提案します。

● 玩具はすべて使えるように出しておくのではなく，順番に分けて出すとか，年齢にそぐわず飽きたと思ったら，小さい友だちに譲ることや，おもちゃを買う時期を，誕生日とかクリスマスと決めるのはどうかと提案します。

● サトルくんへのよりよい支援ができるために，健診の際に保健師からアドバイスを受けることや，機会があったら専門機関での検査を受けられることも情報として伝えます。

数日後，園からの提案をやってみてどうだったか聞いてみます。少しでも改善点が見られたら感謝の言葉を言い，もし，変化がなかった場合でも「お母さん，がんばってくださっているのね」とねぎらいます。

VI 嘘をつく子

▶▶かかわりの **Point**

- 発達による嘘の違いを理解しよう
- 力によるしつけはやめよう
- 行為そのものの悪さよりも，その行為が他人に及ぼす影響を強調しよう

1 なぜ嘘をつくのでしょう？

なぜ嘘をつくのかについて，これまで多くの研究がなされてきました。そして嘘をつく動機としていくつかあることがわかっています。嘘をつく主な理由は「懲罰を避けるため」でしょう。その際，大人は子どもがどのようなことをしたのか，その嘘によってどのようなことが引き起こされるのか，子どもは何歳なのかなどを考慮して対応することになります。その他の理由としては，恥を避けるため，友人をトラブルから守るため，他人から賞賛してほしいため，関心を向けてもらうため，などがあります。年齢が高くなればプライバシーを守るためや権威に対して自分の力を示す嘘も出てくるでしょう。

このように，一言で嘘といってもその動機によってさまざまですが，意図的に嘘をつくことができるようになるのは3歳ころから始まり，6歳ころまでにはほとんどの子が嘘をつくようになるようです。ただ，その中身は年齢によって大きく異なります。

2 発達による嘘の違いを理解しよう

3歳くらいになると「してはいけないこと」があることを理解できるようになります。そして，意図的であるにせよないにせよ，そのようなことをしてしまったときに嘘をつくことが始まります。たとえば，次のような例です。

> ヒロシくんはおうちで，ごはんを食べる前にお菓子を食べてはいけないと言われていました。お母さんがごはんをつくっている途中でヒロシくんを見ると，口元にビスケットのかけらがついていました。「お菓子食べたの？」と聞くと「ううん，食べてない」と言います。

このような場合，「してはいけないことをした」→「しかられる」という図式が成り立ち，

嘘をつくと考えられます。

　ある心理学の研究（松井，2013）では，箱の中身を見ないでねと言われた子どもが箱の中身（くまのぬいぐるみ）を見てしまったときに，どのように対応するか調べています。その結果，3歳の子は「見ていない」と嘘はつきますが，箱の中に何が入っていたか聞かれると，「くまのぬいぐるみ」と答えてしまいます。7歳くらいになると，「何も入っていなかった」と答えるそうです。つまり，幼児期には，嘘をつくことはできてもつき続けることは難しいようです。

　また，別の研究では，大好きなチョコボールが入っている箱と空の箱の二つの箱が目の前にある状況で，相手が先に空の箱を選ぶと自分がチョコボールをもらえるという課題において，自分から中身が見える場合には，4歳児は相手に空の箱を選ぶように促すことをします。しかし，3歳児は相手にチョコボールが入っている箱を促します。その結果，自分がチョコボールをもらえなくなります。つまり，3歳児は自分の利益のために嘘をつくことはまだ難しいようです。しかし，近年の研究では，3歳児でも人助けのためなら嘘をつけるということもわかっているようです。

　では，相手が嘘をつくということについてはどうでしょうか。実は，意地悪であるとか嘘つきであるという相手の情報があれば4歳でも，相手が嘘をつくかもしれないということはわかるようです。しかし，それ以前の年齢では，相手が間違ったかもしれないと思うようです。

3　力によるしつけはやめよう

　これまでみてきたことをまとめると，幼児期は罰を避けるために嘘をつくことが多いことが予想されます。では，そのような場合，どのように関わればよいのでしょうか。これまでの多くの研究で，力によるしつけは効果をもたないことがわかっています。

> 　ハルミさんは，お母さんにさわってはいけないと言われている口紅を使って，口紅を片づけようとして折ってしまいました。お母さんが，「口紅をさわったでしょう」と言っても「さわってない」と言います。

　このような場合，お母さんはどのように対応するでしょうか。「なんで触ったの!!」と言って叩いたり怒鳴ったりすると，子どもは余計に「やってない」と嘘をつくかもしれません。なぜなら，本当のことを言えばもっと叩かれるかもしれないからです。これでは，「嘘をつく」→「叩かれることから免れる」という図式が成り立つことが予想されます。では，どのように対応すればよいのでしょうか。たとえば，「口紅をさわったのは誰かな」「これでは，お化粧ができなくて困ってしまうわ」と言ってみてはどうでしょうか。つまり，怒鳴りつけたり叩いたりするのではなく，そのことで困っていることを伝えるのです。そのうえで，もし「口紅をさ

わった」と子どもが打ち明けたら，「本当のことを言ってくれてありがとう」「お母さんみたいになりたくて口紅をさわったのね」「いつお母さんにばれるかしらとドキドキしたでしょう」と共感をすることで，子どもはほっとするでしょう。

このように，嘘をついてしまっても，本当のことを打ち明けると共感してもらえて心がほっとしたという経験が必要です。お母さんとの信頼関係が強固になれば，「嘘をつく」→「叩かれる」ではなく，「嘘をつく」→「信頼関係が壊れる」ということをいずれ予想できるようになります。

4 行為そのものの悪さよりも，その行為が他人に及ぼす影響を強調しよう

「嘘をつく」と「信頼関係が壊れる」というのを示すひとつの良い方法として，「オオカミがきた」というイソップ童話の絵本を読むというのがあります。羊飼いの少年が退屈なのに耐えかねて，「オオカミがきたぞ！」と嘘をつき何度も村人を騙して遊んでいると，本当にオオカミに襲われたときに誰にも信じてもらえなかったというお話です。お話を通して，「嘘をつく」という行為が，嘘をつかれた相手にどのような影響を及ぼすのかを強調することが大切です。そうは言ってもなかなか折り合いがつけられないのが幼児期です。時にはわかりやすい嘘をつくこともあるかもしれません。焦らずゆっくりつきあっていきたいものです。

 演習問題

> Ａちゃんは，おやつの時間に，お友だちとふざけて自分とお友だちのジュースをこぼしてしまいました。先生が，Ａちゃんに「ジュースこぼしたの？」とたずねても，「こぼしていない」と言います。あなたはＡちゃんに何と声をかけますか？

■参考・引用文献
松井智子（2013）．子どものうそ，大人の皮肉——ことばのオモテとウラがわかるには．岩波書店．

VII 暴力をふるう子

●発達による違いを理解しよう　●多様な要因について考えよう
●レッテルを貼っていないか考えよう

1 発達による違いを理解しよう

　乳幼児期の子どもは「暴力をふるう」というよりも，「手が出る」という表現で表すことが多いです。なぜなら，この時期は相手に対する敵意というよりも，自分自身の気持ちと折り合いがつかずに相手に手を出してしまうことが多いからです。そして，年齢によってその意味合いも異なります。

　乳児期に手が出るのは，相手に対する興味などが主な理由です。目の前の子に興味があって手で押したらひっくり返って泣いてしまい，自分もびっくりして泣くこともあるでしょう。また，歯が出てくるのでむずむずして相手の子を噛んで，相手の子の大泣きする反応にびっくりして自分も泣いたりします。そのようなとき，周りの大人の対応から，押したり噛んだりすることはいけないことであるという認識をもち始めます。

　やがて，１歳半ころになると「イヤ」を主張する反抗期が始まります。３歳ころまで続くこの時期は，自分の欲求を無理にでも通す自己主張的な態度と，何事に対しても反対のことをする反抗的態度をとる場合があります。周りの大人は，自己主張的な態度に対しては，自我の芽生えととらえてある程度理解を示しますが，反抗的態度には手を焼くことが多いです。

> 　アヤさんは，お母さんがしてほしいことに対していつも「イヤ」と言います。そして，お母さんを叩きます。

　このような場合，大人が冷静でいることが難しい場合があります。そして，何度もこのようなことが重なると「乱暴な子」と思うようになるでしょう。場合によってはしつけと称して叩き返すかもしれません。しかし，大人の対応が変われば，しなくてもいい乱暴を避けることができるかもしれないのです。それはどうすればよいのでしょうか。それは，子どもの言い分を徹底的に考え，受け止めることです。受け止めるというと，何でも許すと考えがちですが，そうではなく，「イヤ」と言う気持ちを受け止めるのです。つまり，「なんで叩くの‼」ではな

く「(叩きたかったんだね。だけど) なんで叩くのかな？」と発想を変えて向き合ってみるのです。すると，子どもも，自分の気持ちを受け止めてもらえたという安心感から，大人の言うことに耳を傾けるようになります。子どもが大人に対して乱暴なふるまいをしてきたときには，大人の子どもに対する対応がどうであったか立ち止まって考えてみましょう。

2 多様な要因について考えてみよう

　もう少し年齢があがってくると，お友だちとの関係の中でのいざこざ場面において手が出ることが出てきます。いざこざの原因として一番多いのは「物の取り合い」ですが，次のような場面をどう考えるでしょうか。

> 　ケンジくんは，タツヤくんがもっているおもちゃをじっと見ていました。やがて，タツヤくんのおもちゃを取ろうとしましたが，タツヤくんが渡そうとしないので，叩いて奪い取りました。タツヤくんは泣いて保育者のところへ行きました。ケンジくんはそのおもちゃでしばらく遊んでいましたが，今度はタカシくんが別のおもちゃで遊んでいるのを見つけて，おもちゃを放り投げて，タカシくんに近づいて，おもちゃの取り合いが始まりました。

　このような場合，ケンジくんは人の物を奪おうとして手を出す子と映ります。でも，おもちゃが欲しいのではなく，おもちゃで遊んでいるその状態を自分もしてみたいという願いがあるととらえてこの場面を見たらどうでしょうか。ケンジくんは，そのおもちゃを使って同じように遊んでみたかっただけかもしれません。では，次のような場面ではどうでしょう。

> 　ハヤトくんはいつもお友だちに手を出すので，クラスでも「乱暴な子」と思われています。先生も，どうしたらいいか手を焼いています。ある日，ハヤトくんはシンジくんとタクミくんが車のおもちゃで遊んでいるところへ近づいて，2人が遊んでいる車のおもちゃを取ろうとしていました。先生は，ハヤトくんに，同じおもちゃが他のところにもあるから，それで遊んだらどうかと提案しました。ハヤトくんは先生に言われるとおり，車のおもちゃを取りに行きましたが，シンジくんとタクミくんのところに戻ってきて，シンジくんの頭をそのおもちゃで叩きました。

　このような場合，お友だちに手を出す乱暴なハヤトくんが，また同じことをしたと映るかもしれません。先生が，他のおもちゃがあるからそれで遊んではどうかと提案したのも，またハヤトくんがお友だちに乱暴をするかもしれないと思ったからでしょう。でも，ハヤトくんにお友だちと遊びたいという願いがあるととらえてこの場面を見たらどうでしょうか。

上記二つのエピソードは「物の取り合い」「乱暴な子」の事例として見ることもできますが，「子どもの願いがうまく表現できていない事例」ととらえることもできるのではないでしょうか。つまり，手が出る子は，自分の願いをうまく表現できないのかもしれないということです。

3　レッテルを貼っていないか考えよう

　自分の気持ちをうまく表現することができなくて手を出してしまう子の場合には，手を出す以外の方法で自分の気持ちを表せることを示す必要があります。しかし，いったん「乱暴な子」とレッテルを貼ってしまうと，その子自身の願いに気がつかずに，表面的に手を出すという行為を抑えようとしてしまう可能性があります。また，そのような子でも，大人の言うことやお友だちとのかかわりの中で，穏やかに過ごしていることもあるかもしれませんが，気になる行為ばかりに目が行きがちです。園の中でそのような子がいると感じた場合には，集団の中のひとりとしてではなく，その子自身を追って見てはどうでしょうか。たとえば，ビデオで一日その子を追って撮影して，後で振り返り，必要であれば他の保育者も交えてその子を見ると，本当の願いが見えてくるかもしれません。そのうえでのかかわりは，その子の他の子へのかかわりに変化をもたらすでしょう。

 演習問題

　Ｂくんは，よくお友だちに手を出します。お母さんも困っていて，Ｂくんに厳しくしてくださいと先生に話しています。あなたは，保育者としてＢくんのお母さんに何と話しますか。

■参考・引用文献
今井和子（編）（2016）．主任保育士・副園長・リーダーに求められる役割と実践的スキル．ミネルヴァ書房．

VIII よい食習慣がない子

▶▶かかわりの **Point**

● 食べ物に関心をもてるようにしよう　● お母さんが困っていることに寄り添おう

1 園での子どもの姿

　「食育」の大切さが浸透し，新聞やテレビでは作物の栽培から料理体験まで，いろいろと工夫することによって，食事への関心をもたせるための紹介をしています。しかし，子どもが偏食で困っているという親御さんや，健康な身体づくりのために園児がどうしたらなんでも食べるようになるか苦労している保育者もいます。

　リツくんは幼稚園が大好きな年少の男の子です。登園すると出席カードにシールを貼り，身支度をすませると棚から気に入っているブロックを持ってきて遊び始めます。粘土遊びや，スケッチブックにクレヨンでなぐり描きなどをすることもあり，スムーズに園生活を送っているように見受けられます。ところが，食事時間になると，なんとなく行動がゆっくりで，担任のユウコ先生に促されてやっとランチセットを準備する状態です。

　クラスの友だちが食事を始めると，パンを持って食べ始めますが，ほんの少し口に入れただけで止まってしまいます。そしてクラスのほとんどが食べ終わっても，半分も食べ終えていません。パンはなんとか食べていますが，肉と野菜にはまったく手をつけていません。スプーンもフォークもケースに入ったままで，席が隣の友だちとおしゃべりをしています。担任がスープを飲むように声かけすると，汁だけ飲んで具は残します。「お肉もおいしいよ」と言ってフォークで小さく切ってあげると口を開けモグモグしますが，なかなか飲み込めません。

2 母親からの家庭での様子を聞きましょう

　リツくんは未熟児で生まれたので，離乳食も順調に進まず，入園するまでほとんど流動食だったとのことです。体が周りの子より小さく，疲れやすく園から帰ると2時間くらい昼寝をしています。ですから，体力をつけるためにも，母親はなんとか食事をしてほしいと思っています。そのため，幼稚園は給食のある園を選び，友だちと一緒に食べることで，少しでも偏食が直るように期待しています。

第3章 ● 子どもにかかわる保育カウンセリング

会話例：母親に共感

保育者「リツくんは朝『バナナだけ食べた』と言っていましたが，そうですか？」

母親「そうなんです。朝食を準備しても食べないので，とにかく何か食べさせなくてはと思って，好きなバナナを食べさせています」

保育者「毎日ですか？」

母親「ゼリーのときもあります。とにかく『食べなーい』の一点張りですから。本当に困っています」

保育者「それは，お母さん心配ですねー」

 会話例：母親への提案

保育者「ところで，夕食はどうですか？」

母親「ご飯にふりかけをかけて食べるのが好きです。たまにカレーライスとか，ハンバーグをつくって，野菜を細かく切って混ぜたりしていますが，ニンジンや玉ねぎは上手に取り除くし，肉なんかはちょっと大きいと口の中にいつまでも入れています」

保育者「お母さん，いろいろ工夫なさっているのですね。でも食べてくれないとがっかりですよね」

母親「そうなんです。少しでも食べなきゃだめよといくら言っても自分からは食べないので，食べさせてしまうのです」

保育者「それは大変ですね。ところで，お母さんも一緒に食べているのですか？」

母親「いいえ，まずはリツに食べさせなければならないので，自分は食べていられません。リツが食べ終わったころにやっと食べます」

保育者「一緒に食べ始めたらどうなるかしら」

母親「ますます食べないと思います」

保育者「一緒に食べてみたことありますか？」

母親「いいえ」

保育者「もしかしてお母さんがおいしそうに食べているのを見たら，食欲が出てくるかもしれませんよ」

母親「そうかしら？　一緒に食べてみようかしら」

3　保育の場での工夫

　園では，鬼ごっこや固定遊具で，体を思いっきり使って遊び，おなかがすくような工夫をします。また，楽しく食事ができるように，食欲のある仲良しの友だちと同じテーブルにします。皿に盛る量を減らし，少しでも食べることができたら褒めて，そのことを母親にお話しします。

（1）食べ物に関心がもてる保育

以下のような工夫が考えられます。

●食べ物に関する歌や手遊びを保育の中に取り入れましょう。
　例）「バナナのおやこ」「くだもの列車」「トマト」「やきいもグーチーパー」「やおやのおみせ」
●食べ物に関する絵本の読み聞かせや紙芝居を取り入れましょう。
　例）「からすのパンやさん」「くだもの」
●食べ物カードを使って，クイズやゲームをしましょう。
　例）「果物カードで，椅子取りゲーム」「二つのかごを用意して果物と野菜のカードを分けるゲーム」
●園で簡単な栽培を体験しましょう。
　例）プランターでミニトマトやキュウリを育て，収穫したものを一緒に食べます。可能なら，畑にサツマイモやジャガイモの苗を植え，芋掘り体験をした後に，みんなで火をおこし，焼き芋にして食べます。
●簡単なクッキングをしましょう。
　例）ホットプレートを使って，ホットケーキづくりをします。一緒にカボチャやジャガイモを薄く切って焼きます。

また，母親に保育中のことを報告し，信頼関係をつくります。

　会話例：母親に保育中のことを報告，信頼関係をつくる　

保育者「先日，ミニトマトが赤くなって，ちょうどリツくんがお当番さんだったので，給食を食べる前に，『お当番さん，ミニトマトを採ってきてください』とお願いしたら，他のお当番さんと一緒にミニトマトをかごに入れて持ってきました。洗って半分にしたらみんなに行き渡ったので，『いただきます』をしました。そうしたらリツくんも口にパクンと

入れて食べましたよ」

「きゅうりのサラダを食べるときには，『カリカリいい音がするのは誰かな』と声をかけた
ら，友だちと競争して『ぼくのほうが，カリカリする』と言って食べていましたよ」

母親「その日は，家に帰ってから，『今日お当番だった。トマトときゅうりおいしかった』
と言っていました。それから，急に『ママ，サツマイモはくだものじゃないよ』と言って
いましたが，どういうことでしょう？」

保育者「食べ物のカードゲームをしたときに，リツくんがくだもののかごにサツマイモを入
れたので『どうしてくだものだと思ったの？』と聞いたら，『だって甘いもん！』と言っ
たんです。そしたら，お隣の子が『野菜だよ』と教えてくれました」

母親「そうでしたかー（笑）」

  会話例：母親からの報告を傾聴，さらに園での様子を話して自己肯定感につなげる

母親「おばあちゃんの家に遊びに行ったときに，畑のミニトマトを見つけて，『ぼくが採っ
てきてあげる』と言ってかごにたくさん入れてきました。それを洗っておじいちゃんと一
緒に食べました。その後，畑で採れたジャガイモで芋餅をつくる手伝いもして，おじい
ちゃんから，『リツがつくってくれたから，特別おいしい！』と言ってもらったので，得
意顔でした」

保育者「それは良かったですねー」

「リツくんは給食のときに，苦手なおかずもチャレンジして少しずつ食べられるようにな
りましたよ。（少なめに配膳することで）『ぼくが一番に食べ終わったよ』と言って空に
なった食器を見せに来ることもありますよ」

　子どもの偏食の原因は，見た目や，以前食べたとき飲み込めなかったとかいろいろありますが，ほとんどの場合食わず嫌いです。保育の場では，友だちがおいしそうに食べているのを見て刺激されて食べることもありますし，ドレッシングなどの味つけが家と違っていたのがきっかけで食べるようになることもあります。一度食べなかったからとあきらめずに，いろいろ工夫することで，家庭でも保育の場でも楽しく食事できることが大切です。

　これらをきっかけに，母親にはリツくんの様子を報告しながら，食に関する情報提供を続けていくようにします。

IX　まばたき・指しゃぶりが多い子

▶▶かかわりの *Point*

- どのような場面でその行為が出やすいのか現状を把握しよう
- その行為だけにとらわれずに，その子を理解しよう
- 症状によっては歯科（指しゃぶり）など専門医の意見をうかがおう
- 保護者の悩みを理解し，園での様子等を伝え，連携をとろう

　まばたきも指しゃぶりもともに神経性習癖と呼ばれるものです。「神経性」とは，心の中で過度な緊張や不安・葛藤などが続くことによって無意識のうちに起こる症状です。広義には「身体的・心理的要因により条件づけられた身体の部分的反応」と定義されています（上野，1998）。神経性習癖には他にも爪嚙み・チック・自慰などがあります。これらは子どもが「ついそうしてしまう」「そうなってしまう」という行為だけに，保育者・保護者ともに，悩ましいことになります。

　ここではまばたきと指しゃぶりを分けて考えてみましょう。

1　まばたきが多い子

　ライムくんは3歳児男児です。4月から園に入園しました。5月になっても保育者と視線が合わず，表情も乏しいです。わずかな頬のゆるみや目の輝きや身体の動きを見逃さずに，ライムくんが遊びを楽しんでいるのかどうかを保育者は判断してきました。遊びに夢中になっている時はまばたきはありませんでした。言葉は一語文がポツリポツリと出る様子です。全体として行動はキョロキョロ，チョロチョロ落ち着きません。体調も落ち着かず，欠席が多いです。ゆっくりと園に慣れようとしている段階です。

　そんなある日，園で熱を出したので保護者にライムくんのお迎えをお願いしました。その際に保護者の目の前でライムくんが友だちの頭を軽くタッチする場面がありました。すると保護者が「こら〜！　ライム！　やめなさい。だめでしょ，お友だちを叩いちゃ !!」と激しく叱りました。保護者に両肩を押さえられたライムくんの身体は，それまでチョロチョロしていた動きとは一変して急に固まり，まばたきをパチパチしながら，おどおどと少し怯えた様子がありました。

第3章　● 子どもにかかわる保育カウンセリング

77

（1）こんな場面であなたでしたら，保護者にどんな言葉をかけますか？

軽くタッチした友だちはライムくんが気になっている男児でした。タッチされた子も嫌がるそぶりもなく，むしろ気がつかなかったくらいの軽いタッチだったので，保護者がとらえた「叩く」行為とは認められないほどだったのですが，保護者は激しく叱りました。

会話例

保育者「ライムくん，『ぼく，熱で帰るからね，またね』と友だちに言いたかったのかな？」

ライム「……」（保育者と視線は合わず，まばたきしている）

保護者「先生，だめなことしたら叱ってください。でないとこの子は友だちに怪我させるから。ほら，こうやって私が叱るとまばたきがすごいんですよ。園でもまばたきしてますか？」

保育者「園では，遊びに夢中なときにはほとんど見られません。ただ，どうしたらいいかわからないときや困ったときは，不安そうにまばたきをしています。そんなときはライムくんにていねいに『こうするといいよ』と伝えています」

保護者「家では全然言うことを聞かないからずっと叱りっぱなしで……。だからまばたきもすごくて。心療内科に連れて行ってお薬もらおうかしら。先生，どう思う？」

保育者「まばたきのこと，お悩みですよね。今は入園して環境が変わって，ライムくん，きっともものすごく毎日がんばっているのだと思います。気になる好きな友だちを見ているときもまばたきはありません。ライムくんのペースでゆっくり園に慣れているところです。今日もこんな素敵なライムくんを見つけましたよ（と，がんばっている具体的な姿を伝える）。今後も園でのまばたきの様子をお伝えしますね」

保育者「ライムくん，熱が下がったら，園でまた遊ぼうね」

この事例の特徴のひとつは保護者とライムくんの親子関係です。保護者はライムくんに対して，叱る行為が多い様子が見受けられます。ですが叱る理由を子どもに伝える必要性とその余裕は，この保護者はもてずにいるのでしょう。唐突にさえ聞こえる「心療内科を受診して，お薬を」と考える保護者を責めることはできません。保護者だってライムくんを心配する思いからなのです。専門家に頼りたくなる心情もわかります。また保護者は友だちを怪我させてしまうことにも不安を抱いています。誰にでも乱暴するのではなく，ライムくんが大好きな友だちに，ちょっかいを出して，かかわりをもとうとしている積極的な姿であることを伝えましょう。

まずは，保護者のその思いに共感しましょう。そして，叱る理由を伝える必要性をご理解いただきましょう。子どもがわかるように伝えることで，子どもが納得することが重要です。

保護者への伝え方ですが，これはタイミングを見て，慎重に伝えます。個人の保護者あてに，またはクラス全体の保護者あてに（クラスだより・園だより等で）伝える場合があります。個人的に伝える場合には「先生から言われてしまった（指摘されてしまった）」と保護者

が受け取らないように配慮します。家では全然言うことを聞かないとこぼす保護者に,「こんなふうにかかわるとライムくんはお話をわかってくれます」と伝えます。「私は叱るときはこのように伝えています」と具体例を必ず示しましょう。

また,園でのまばたきの現状を伝えます。理由もなく在園中にずっとしているのではなく,このような場面で頻発し,そのときのライムくんの表情や思いはこのようです,と具体的に伝えていきます。今はライムくんにとって環境の急変期にあり,一過性と思われますが,今後もていねいに観察を続け,報告することで保護者は,「園の先生がよく観てくれるなら,ちょっと受診を待ってみようか」と少し安心できるといいですね。

次にライムくんの立場から考察します。叱られることで怯えるようになっているライムくんは,その緊張や不安をまばたきをすることで表現しているのかもしれません。だとしたらまばたきの行為だけに着目するのではなく,その行為の背景を考えていくことが大切です。ただし,親子関係に原因がありそうだと考えても,保護者に直接,早急に言うことは避けます。保護者を追い込むことのないように,園長先生等,先生方に相談してからにしましょう。

子どもたちは緊張や不安を楽しい遊びに夢中になることで乗り越えていきます。ライムくんが友だちとのかかわりを楽しんだり,遊びに夢中で取り組んだりする場面が増えていくように,保育者は環境を整えていくことが大切です。幼児期のまばたきは,ほぼ100%治ります(佐々木,1998)。子どもからのSOSのサインとして,周りの大人たちで受け止め,連携していきましょう。

2 指しゃぶりが多い子

人間の身体の感覚で一番敏感なのは,第一位が口で,第二位が指の先だと言われています(岩倉,2001)。つまり指しゃぶりは一番と二番に敏感な部分の組み合わせによって,子どもが自己刺激を求めている姿に他なりません。

乳児の指しゃぶりは,口という敏感な部分が,将来いろいろな食べ物が口に入ったときに嘔吐反射や吐き出しなどのパニックを起こさないために,離乳食前のトレーニングをしている意味があります。また口という敏感な部分を使って,自分の身体や自分の身体以外の外界を多様に認識するという大事な意味もあります。

しかし,乳児期から幼児期になると,一番と二番に敏感な感覚の二つが同時に刺激される指しゃぶりは,不安を紛らわせるのに最も安直な手段ともなります。

a) 指しゃぶりの多い場面とは

以下の場面があげられます。

①眠い時の就眠儀式としてする。

②指しゃぶりをする自己刺激以上の楽しい環境刺激が乏しい,退屈しているときにする。

③不安や緊張をしているときに紛らわすためにする。

④好きな遊びが見つからないときに手もちぶさたでする。

⑤友だちとうまくかかわれない時にする。

⑥自分の思いどおりにならないときに高ぶった感情から落ち着くためにする。

b）指しゃぶりで起こりうる弊害は？

以下の点が考えられます。

①歯列不正（上の前歯が突き出てくる開咬，上顎前突，歯と歯の間が空く歯間空隙，等）

②舌の異常（舌の位置が通常より下方に位置したり，舌運動の異常）

③発音障がい（特にサ行，タ行の障がいが出やすい）

④外観障がい（歯の前方突出や閉唇不全）等

c）やめさせる時期は？

固着した指しゃぶりを治す年齢は，指しゃぶりの程度にもよりますけれども，一応永久歯が生えてくる5歳児くらいからと考えられています。

d）指しゃぶりをやめさせる際の問題点は？　（諸富・冨田，2015）

指しゃぶりは，習慣化してやめられなくなると将来の歯並びや発音などに影響が出ると言われる一方，指しゃぶりをすることで精神的な安定を得ている子どもも多く，歯科医と小児科医の見解が異なる問題でもあります。これでは保護者も迷ってしまいますね。

e）やめさせる方法は？

指しゃぶりをやめさせようとして厳しく叱ることは逆効果です。指しゃぶりをすることで安心感を得ているかもしれない子どもから，その安心感を奪うことになるからです。子どもなりに指しゃぶりで心のバランスをとろうしていることを理解しましょう。

指しゃぶりはいけないものだとする価値観で，しゃぶっている子どもを見るときの保護者の厳しい視線が子どもには大きな不安になります。「指しゃぶりはいけないもの」とみる保護者は，案外，保護者自身が子育て不安を抱えていることもあります。

保育者としては望ましいかかわり方を提案していけるといいですね。親子で手をつなぐ遊びや，手指遊び，抱っこ遊び，スキンシップ遊び等，五感を刺激した親子の豊かなかかわりから，子どもが「指をしゃぶっているよりも，楽しいぞ」と思えるといいですね。

■参考・引用文献

岩倉政城（2001）．指しゃぶりにはわけがある――正しい理解と適切な対応のために．大月書店．

諸富祥彦・冨田久枝（編）（2015）．保育現場で使えるカウンセリング・テクニック――保護者支援，先生のチームワーク編．ぎょうせい．

いきいき子育てを応援する会（編），佐々木正美（著）（1998）．子育てのなやみ解消BOOK――園児をもつ親の不安に答えるQ＆A．チャイルド本社．

上野一彦（編）（1998）．児童の臨床心理1．放送大学教育振興会．

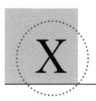

X 性に関心のある子

▶▶かかわりの *Point*

- ●その行為だけを焦点化せずに総合的にその子を理解しよう
- ●さり気なく遊びに誘い，自己を十分に発揮して過ごせるようにしよう
- ●保護者への相談は子どもの様子を把握してから，慎重にていねいにかかわろう

　性に関心がある子という表現に，あなたはどんな子どものイメージを抱きますか？　大人の歪曲化された性に関するイメージが優先し，保育者の「オッパイ」を触ることを喜んだり，「チンチン」と言ってみては嬉しそうにしている子などでしょうか。ここではもう少しデリケートなケースを考えていきましょう。

　あらためて確認しておきたいことは，性に関心のある子という見方は大人のまなざしに他ならないということです。子どもは「自分は性に関心がある」とは微塵も思っていません。大人の側が，その子どもの関心に，葛藤や悩みを感じるということになります。

　本来は，性に関心をもつことは「命のいとなみ」として，とても本質的なことなのです。子どもが性の主体者として育つためには，性の主体となる「からだ」の事実についてきちんと知り，性の主体となる「こころ」が充実して生きること，このどちらもが大切になります。ここでは「性に関心のある子」ということを，「からだ」の性に関心がある子と，「こころ」の性に関心のある子（トランスジェンダーの子）の二つの側面から考えていきましょう。

1 「からだ」の性に関心のある子

　チカさんは好奇心旺盛な活発な5歳児女児です。友だちもたくさんいて，にぎやかで，感受性が豊かです。一人っ子のチカさんのご両親は知的教育に熱心で，もうすぐ有名小学校の受験を控えています。塾の勉強も忙しそうです。

　チカさんはそれまでは友だちと活動的な遊びをしていたのですが，秋ごろから保育室の机の角に両腕を立てて寄りかかり，お股をこすりつけるようになりました。ひとりでぼーっとしている姿も見せるようになりました。

　どうやらチカさんのお股をこする行為には受験のストレスが影響しているようです。チカさんが「あ〜もういやになっちゃうな〜」と小さくつぶやいたときに，保育者がさり気なく聞いたことがありました。「チカさん，お勉強，たいへん？」。するとチカさんは遠くを見て言いました。「たいへんだけど，パパとママとお約束したから，だからチカ，がんばるの……」。語尾

第3章 ● 子どもにかかわる保育カウンセリング

81

が悲し気に響きました。

このようなチカさんに保育者が行う援助には大きくは二つあります。ひとつには遊びに誘うことです。その場に見合ったさり気ない声をかけて，できたら保育者も一緒に遊びましょう。一緒に遊ぶことで，チカさんが遊びをどのように楽しめているのか，友だちには適切にかかわれているのか，等を観てみます。園にいるときは，園での生活を楽しみ，ありのままのチカさんがのびのびと自己発揮できるように援助していきましょう。ひとりでぼーっとしているときには，友だちの遊びに関心がもてるように導くのもよいでしょう。

「保育所保育指針」の第2章「ねらいと内容」には，〈領域「健康」 1 ねらい （1）明るく伸び伸びと行動し，充実感を味わう〉と書かれています。現在のチカさんに，そのような姿が見られないとしたら，チカさんの援助の個人目標として定めていきましょう。

ここでの保育者の葛藤は，ストレスがあること（＝受験）ではなく，ストレスの表現方法が社会・文化的に不適切であることです。状況によりますが，お股をこすりつける行為が強くなったり回数が多くなる場合には，「自分の身体を優しく扱う」といった観点から，チカさんに声をかけていくことも必要です。

保育者がするもうひとつの援助が，保護者との連携です。ストレスの原因となっているのはおそらく小学校受験です。しかし，受験そのものの是非を問うことは，ご両親の教育観もありますから，園では言及を控えましょう。

連携の内容は，保護者とチカさんの情報を共有することです。園で以前のように遊び込めていない姿，ひとりでぼーっとしていることを保護者に伝えましょう。そしてご家庭の様子をお聞きしましょう。

チカさんの机でお股をこする具体的な姿を伝えるかどうかについては，以下の点が把握できてから慎重に伝えます。なぜなら，保護者がチカさんの行為を恥じて叱ることがあると，チカさんをいっそう追い込んでしまうことになりかねないからです。

●保育者が伝えることで保護者がチカさんを叱らないか予測をもつ。
●こすりつける行為は一日に何回見られるか。その時間，時間帯，そのときの状況，その行為が見られるようになった時期，期間，等を把握する。
●その他にチカさんの言動の変化は見られるのか把握する。
●保育者が伝えたあと，このような姿は「一過性」であることを保護者にご理解いただき，保護者とともに支え合う園としての体制を組むことができる。

乳幼児期の子どもたちはストレスへの耐性を培う過程を生きています。そのストレスが子どもにとって理不尽に大きすぎる場合には，園全体のチームで向き合っていくことが必要です。お股をこする，男児ならチンチンをさわる等の姿は，大人が葛藤を抱きがちですが一過性の姿です。その具体的行為だけに注目せずに，適切なストレスの表現方法を身につけ，子どもが自

ら健康な心と体を育てていけるような力を養えるようにします。

2　「こころ」の性に関心のある子
——トランスジェンダーの子——

　ジュンヤさんは5歳児男児です。スカートやフリフリの服に興味があり保育園に着ていきます。髪も伸ばして保護者が毎朝リボンで結んであげています。ケンさんが「どうしてジュンヤくんは男の子なのにスカートなの？」とジュンヤさんに聞いていました。そのとき，ジュンヤさんは無言でちょっと困った表情をして先生を見ました。

　他の男児が戦隊ヒーロー遊びをしているときは興味がないのか，女の子と一緒にままごとをしています。自然と男の子よりも女の子の友だちがいつも周りにいるようになりました。

　そんなある日，ユリアさんがジュンヤさんに向かって言いました。「ここは女の子のお城なのね，ジュンヤくんは男の子だから入れません」。ジュンヤさんはうつむいて立ち尽くしていました。はたしてこのままでいいのでしょうか。

　ご自身も髪を結んでいる保護者は「ママと同じにしてと言うので，ジュンヤが喜ぶなら……」と一過性の興味ととらえて髪を毎朝結んであげていましたが，このようなジュンヤさんの関心はもう1年以上続いています。3歳の弟とは明らかに異なるジュンヤさんの性の志向性に，保護者も不安を覚えてきたようです。

（1）根拠をもった介入

　ここは保育者として根拠をもって，介入する場面になります。

　根拠は「保育所保育指針」に書かれています。「保育所保育指針」の「第2章　保育の内容　4　保育の実施に関して留意すべき事項　（1）保育全般に関する配慮事項　カ」には，「子どもの性差や個人差に留意しつつ，性別などによる固定的な意識を植えつけることがないようにすること」と明記されています。指針のこの文言を，保育行為としてどのように実践していくのかを会話例を通して考えていきましょう。

会 話 例

ケン「どうしてジュンヤくんは男の子なのにスカートなの？」
ジュンヤ「……」
保育者「ケンさん。男の子はスカートはかないのにな，って思ったの？」
ケン「うん。ジュンヤくん，女のこみたいだし……」
保育者「ケンさんはそう感じたんだね。先生はジュンヤさんはスカート似合っていてステキだなと思うよ。ジュンヤさんらしくていいなって。ジュンヤさん，スカート好きなの？」
ジュンヤ「うん。すき」
保育者「自分の好きな服を着るのは気持ちいいよね。ケンさんはどんな服が好きなの？」

ケンさんの疑問は，男性か女性かの性別二分法しかない社会・文化的性役割を表しています。これはケンさんの個人的疑問というよりは，私たち大人が子どもたちに植えつけてしまったかもしれない意識です。こういった場合も，すぐにケンさんの疑問を否定するのではなく，率直にたずねたケンさんの行為をまずは認めます。認めたうえで，ケンさんの感じたことを尊重します。同時に，保育者が自分の意見を述べることも大切なことです。ジュンヤさんにもケンさんにも，好きな服を着て，好きな遊びを楽しんで，園の生活を存分に楽しんでほしい。

　その保育者の願いをかなえるかかわりは子ども同士をつないでいくことです。2人がお互いを感じ合い，遊びを楽しみ合い，本質的なところで響き合うように「好きな服はどんな服？」という共通のテーマで，この場面を保育者はつなぎました。相手を知らないということが誤解を生みます。子ども同士をつなぎ，お互いを知り合い，わかり合う。そんな援助ができるといいですね。

会話例

> ユリア「ここは女の子のお城なのね，ジュンヤくんは男の子だから入れません」
> ジュンヤ「……」
> 保育者「ジュンヤさん，お城に入りたい？」
> ジュンヤ「うん」
> 保育者「ユリアさん，どうして男の子はお城に入れないの？」
> ユリア「だって，ここはエルサとアナしか入れないお城なの」
> 保育者「じゃ，ジュンヤさんはオラフっていうのはどう？」
> ユリア「オラフってことなら，いいよ」

　子どもの言動にはその子なりの理由が必ずあります。ユリアさんが「男の子だから入れません」と言った理由にはユリアさんならではの遊びのストーリーがありました。保育者が過敏になりすぎて，ここでユリアさんに「そんなことは言ってはいけません」と指導してもユリアさんは戸惑ってしまうでしょう。ジュンヤさんにとっても遊びに加わりにくくなります。

　人は自分らしく生きる基本的人権をもっています。こころの性について，からだの性（生物学的性別）とたとえ違っていたとしても，自らを肯定し，ありたいように生きることを望みます。それは乳幼児期も同じです。ジュンヤさんにしても友だちからの率直な疑問に精神的な苦痛を感じているかもしれません。ここは保育者の出番となります。疑問に応えながら，お互いが知り合う，つながり合う機会になるように援助していきましょう。

　こころの性では，乳幼児期の子どもは，男なのか女なのかは流動的であり，自覚的にとらえることが難しい発達段階でもあります。しかし，こころの性というものは，乳幼児期に基礎が築かれ，そこから年月を重ねて少しずつつくられてゆくものです（小倉，1996）。この先どちらのこころの性を選択していくのか（性自認）（加藤，2006）は思春期を待ってからになりま

すが，どちらであっても自分らしく生きる人権を尊重し，その子がありたいように生きることができるように人格形成の基礎を援助します。

またこのような機会で保育者は自らの保育行為を振り返ってみましょう。「男の子は水色で女の子はピンクの折り紙を取ってください」等，ジェンダーバイアスのかかった声かけを子どもにしていませんか？　一度，ジェンダー（生物学的性別であるセックスに対して，心理・社会的な性をいう）（川島，2001）という視点で点検してみるといいでしょう。

（2）保護者にどのように伝えよう
──保護者と葛藤の過程をともに歩む姿勢が求められる

子どもは2歳半で自分のからだの性をかなり正確に理解するようになると言われています（川島，2001）。保護者にとって，こころの性への関心が一過性ではなく，我が子の根源的な願いであるということを受け入れていくには深い葛藤と苦悩があるでしょう。

こころの性は複数のレベルで決定されると言われています（坂野，1999）。遺伝子レベル，胎児期のホルモン分泌の影響レベル（脳レベル），幼児期の社会的相互作用レベル，そして思春期における性の自己決定レベルの4段階です。発達過程で，この四つは異なる段階において決定されるため，それぞれのレベル間で食い違いが生じることは十分にありえます。どのレベルでの食い違いが原因なのかを，過去にさかのぼって明らかにすることは事実上不可能です。それよりもジュンヤさんが，ジュンヤさんらしく，どのようなこころの性であろうとも，充実して生きていくことを，保護者とともに願い，ともに歩む姿勢が保育者には求められます。

■参考・引用文献
加藤秀一（2006）．ジェンダー入門──知らないと恥ずかしい．朝日新聞出版．
川島一夫（編）（2001）．図でよむ心理学　発達［改訂版］．福村出版．
厚生労働省（2017）．保育所保育指針．
小倉 清（1996）．子どものこころ──その成り立ちをたどる．慶應義塾大学出版会．
坂野雄二（編）（1999）．スクールカウンセラー事例ファイル6　性．福村出版．
梅本 恵（2016）．保育者がとらえる子どもの性差とのかかわり方──幼稚園教諭への質問紙調査の結果から．富山短期大学紀要，**51**，73-85．

XI 発達に課題のある子

▶▶かかわりの *Point*

● 気になる子どもの気持ちに寄り添い，子どもの視点から見てみよう
● 「困った子」「いつもトラブルを起こす子ども」という子どもは，実は熱心な挑戦者かもしれない——見る角度を変えて発見しよう
● 小さな楽しさを共有して，信頼関係を築こう

1 発達に課題のある子どもとは

　ここでの発達に課題のある子どもは，いわゆる発達障がいの子どもを指します。もし診断名をつけるなら LD（学習障害），知的な遅れがない自閉スペクトラム症，ADHD などで，言葉での表現は十分にできて話もわかりますが，集団参加が苦手といった行動上の課題を抱える子どもたちです。こうした子どもたちは幼児期には診断が明確にできないことも多くあります。共通した姿としては，落ち着きがなく座って話を最後まで聞くことが苦手，クラス全員での活動に最後まで参加することが難しい，不器用さがある場合がある，手が出る等のトラブルが多いなどの姿を見せます。保育は集団を基礎にしていますから，保育者は集団に参加できない子どもは気になります。まだ幼児ですので，子ども同士のケンカで手が出ることはどの子どもにも見られますが，あまりに多いと保育者は悩むことになります。

　保育では，保育者がまず子どもとの信頼関係を築くために心を砕きます。子どもは保育者との間に信頼関係が生まれることによって，安心します。この安心感を手がかりに子どもは探索したり，挑戦したりと活発に活動していきます。こうした活動や，遊び，それらを通した友だちとのかかわりを通して子どもは育っていきます。保育者が遊びや活動，友だちとのかかわりを援助していくためには，一人ひとりの子どもを理解し，寄り添いながらかかわることが大切です。カウンセリングの手法を使いながら，発達に課題にある子どもを理解する，関係をつくるためのヒントを考えてみましょう。

2 発達に課題のある子どもを理解する

　発達に課題がある子どもは，朝の会の間，席に座って保育者の話を最後まで聞くことができずに途中で席を立ってしまったり，クラスの子ども全員で活動しようとしても途中で外れてし

まうこともあり，そのたびに先生が参加を促さないといけないかもしれません。また，遊びの中で思いどおりにならないために相手の子どもを叩いてしまったりすると，保育者は子どもを注意しなくてはなりません。ですが，子どもが注意されてもまた叩くことを繰り返すと，保育者も「またあの子」と思ってしまい，「いつも困ったことをする子」「いつもできない子」ととらえがちになります。

　しかし「保育者が望むかたちで集団活動に参加できない」のかもしれませんが，決して悪い子ではありません。少し視点を変えて子どもを見てみましょう。その子どもが何に興味をもって，何を楽しいと感じているのか，何だったら熱中してやっているのか，集中してやっているのか観察してみましょう。

　アキトくんがブロックで何かつくっていますが，自分のイメージにこだわってつくっているようです。翼はもっと長くしたい，しかし長くするとすぐに崩れてしまいますが何度も挑戦して，工夫して長くて丈夫な翼をつくろうとしています。そしてつくった物を飛ばして友だちと遊んでいたかと思うと，その次にはそこから外れて翼を直したりしています。一緒に長く遊べないというより，見方を変えれば熱心に丈夫な長い翼をつくろうと挑戦する姿と見ることができます。好きなことであれば集中して挑戦し，友だちとも楽しさを共有しています。このように子どもの視点からとらえてみると，いつも困ったことをする子，悪い子ではなく，好きなことであれば集中できる子，挑戦できる子どもであり，またその子どもの興味にも気づくでしょう。こうしてその子どもの見方を肯定的に変えることができます（リフレーミング：35頁参照）。

　子どもが他の子どもに手を出すことも保育者が悩むことでしょう。なぜなら絶対にやってほしくないことだからです。ではその子どもがなぜ叩くのか，子どもの視点から子どもの気持ちを考えてみましょう。子どもはどんな思いでしょうか。

　アキトくんは他の子どもが使っているブロックを取ってしまいトラブルになることがあります。これをアキトくんの気持ちになって考えてみると，「自分の翼を長く丈夫にしたい」という思いゆえにしてしまうことと見て取れます。他の子どもが使っているブロックを取ってしまうことは肯定できませんが，長くて丈夫な翼をつくりたいという子どもの思いに共感することができるでしょう。つまり子どもの思いを理解することができます。すると保育者が仲立ちしてその子どもの思いを伝えたり，保育者も一緒に入って遊ぶ中で「貸して」と言ってみて気持ちよく遊ぶ経験を味わうなど，そこからいくつかのかかわり方が生まれるでしょう。

　発達障がいの子どもに「どうして席を立っちゃうの？」と聞くと，「先生の話を聞こうと思っても，体が勝手に動いちゃうんだよ」と最後まで座っていられない自分のことを言ったりします。気持ちはあっても体が動いてしまうのは，発達の遅れの側面であったりその子のもつ障がい特性といえます。つまりその子どもが「がんばってもできない苦手な部分」である，という子どもの理解の仕方は必要でしょう。その一方で子どもは発達していきますから，少しずつできるようになっていきます。少しでも長く座れるようになったら褒めるなど，その子ども

なりのがんばりを認めていくことも大切です。「またあの子どもがトラブルを起こした」と思うばかりではなく，その子どもの良いところを探して，クラス全体の中で認めていきたいものです。

3　発達に課題のある子どもと関係をつくる

　保育において子どもと関係をつくることは始まりであり，また関係を深める中で子どもが成長していきます。幼児では，その子どもが興味のある遊びを保育者が一緒にし，楽しさをともに味わうことが関係をつくっていくことになります。また保育者と子どもは一日の生活をともにしていますから，遊び以外にも「食事の用意をしよう」「ホールに行くから並ぼう」「どうして泣いているの？」等々かかわることは多くあります。発達に課題のある子どもが集団で動くときに一緒に動けない姿を示すことはよくあることです。いやなら好きにしていていいというものでもありませんが，しかし，一方的に保育者が子どもにやってほしいことだけを伝えても難しいでしょう。保育者は子どもの気持ちにより添いながらかかわることが必要なのです。保育者が子どもに寄り添うとするとき，子どものわずかな表現（特に，非言語表現）にも気づくことが，子どもの思いに気づく手がかりとなるでしょう。ペーシング（26頁参照）や，相手の非言語的表出に合わせるミラーリング（32頁参照）などが役に立ちます。

4　子どもにあたたかいまなざしを

　保育は子どもとの信頼関係のうえに成り立ちます。そして，遊びやさまざまな活動を含めた日々の生活の中で保育者との関係を深め，友だちとの関係を深める中で，自分をつくり，成長していきます。保育者の子どもへのまなざしは，子どもに映し返され，そうした中で子どもは自分に気づきます。また大好きな保育者のためにがんばろうと思ったり，友だちのようになりたいとあこがれる中で育っていきます。子どもに映し返され，自分に気づくその保育者のまなざしが，「問題を起こす子」「いつも参加できない子」といった否定的なものであれば，それは「だめな自分」「いつもできない自分」と，否定的な自分のイメージにつながってもいくでしょう。なかなか集団に参加できない子どもかもしれませんが，保育者が子どもの良さやがんばる姿に気づき，子どもを認めることができれば，つまりそのようにあたたかく肯定的なまなざしを保育者がもつことが，子どもを育てることにつながっていくのです。

家族が問題を抱えている子

- ●家族が抱える問題を見立てよう　●場所や人を替えて気分転換しよう
- ●居場所の選択肢を増やそう

　家族は，子どもがこの世に生を受けて初めて経験する集団です。ですから，子どもが心身ともに健やかに育っていくためには，ここで幸せを感じながら生活することが不可欠です。人格の土台を形成していくと言われている乳幼児期だからこそ，このときに得る集団の中での幸せは，後々の心の育ちに大きな影響を与えるのです。しかし，残念ながら家族の中で幸せを感じながら生活をしていくことが難しい家族もあります。子育てに困難を感じ，子どもに対して愛情をうまく注げず，自分優先の生活になったり，育児放棄になったり，さらには虐待をしたりという状況は珍しくありません。

1　子どもと過ごす中で，聴き，察し，考えながら見立てる

　子どもは，家族の中で生きているのです。子どもは，親の何もかもを背負って生きていると言ってもいいでしょう。特に，母親が背負っていることは，子どもに強く影響を与えるはずです。私たち保育者は，子どもたちと一緒に過ごしていますが，同時にその家族の状況においても察したり考えたりしながら，家族が抱えている問題を見立て，子どもたちの育ちの保障に努めていきたいと考えています。

　アユミさんは1歳になる直前に入園をしてきました。2歳上の兄と父と母の4人家族です。翌年度には1歳下の弟が生まれ，幼くしてアユミさんは姉になりました。

　父は朝から晩まで，母もパートで働きながら，3人を育てていました。一見すると，何事もきちんとこなしているように思える家庭でしたが，母は家に入ると家事や子どものことよりも，自分のことを優先して生活をしていました。衣食住において，さらには母から受けるべき愛情において，不足した環境で育ってきたと言えます。

　アユミさんの年少から年中の時代は，登園して母親と離れるときは大騒ぎでした。一方では，母とすんなりと別れ，友だちと機嫌よく遊びだす日もあります。大騒ぎの日は，「保育園はいやだ」「うちにかえりたい」と泣き叫び，園の門から出ていこうとすることもしばしばありました。落ち着く時間が必要であると感じ，事務所という他の園児からは離れた場所で，特定の保育者と関係性を築くことを意識してきました。年長時期にもこれまでのように登園を

渋ったり，家に帰りたいという姿が出てきました。年齢が上がったこともあり，感情の表出がわかりにくくなり，保育者にはこれまでより慎重な配慮が必要になりました。

2 担任保育者と担任以外の保育者が 役割分担をしながらかかわる

　ある日のこと，アユミさんが友だちとケンカをしました。ケンカをすることは，日常的なことであり，珍しくはありません。しかし，この日は少し違っていました。それもそうです。子どもだっていつも同じ気持ちでいるとは限りません。それ以前の何かを背負ってこの日を迎えているはずです。その日，その場でのこころもちがあることを私たち保育者は忘れてはいけません。あふれ出した感情の行き先が見つけられず，その気持ちがおさまりません。そばにいた担当保育者は，アユミさんの気持ちを受け止めようといつものように静かにきちんと対応をしています。しかし，それでもおさまりません。こんなときは，担当保育者以外の保育者が，自然に近づき寄り添うことで，それまでと少し違う空気感をつくり出すことができます。「アユミさん，どうしたのかな」「いま，どんな気持ちかな」とゆったりと話しかけるその声を聴きながら，アユミさんは，担当保育者以外の保育者に徐々に近づき，体を密着させてきます。そして，ぽつりぽつりと自分の心の中にある気持ちを話し始めるのでした。

会 話 例

アユミ「〇〇くんが，一緒にやるのはいやだって言ったもん」「言うこときいてくれない」
担当保育者以外の保育者「そうなんだね。一緒にやるのはいやだって言われて嫌だったんだね」「いま，アユミさんのここ（胸の辺りを撫でながら）には，どんな気持ちがあるんだろうな」
アユミ（キュッと抱きつきながら）「一緒にやりたかった……」
担当保育者以外の保育者「そうかあ。一緒にやりたかったんだよね」
アユミ（こっくりと頷く）

　もうそれで十分です。何かを抱えながら，集団の中に来たであろうアユミさんの気持ちは私たち保育者にははかり知れません。ですから，我に返ったように，静かに自分の気持ちを話すアユミさんを見ると，小さな体と揺れる心を感じながらも立ち直ろうとしているのだと，アユミさんの存在そのものを受け止めたいと思うのでした。

　こういうときにつくり出される空気感は，かかわろうとする人のまなざしや表情，声のトーンやスピードなどが関係しているようです。その違いが，アユミさんにとってのちょっとした切り替えになります。また，それまでケンカをしていた友だちが目の前に居るその場ではなく，静かな事務所へ場所を移すことも切り替えのひとつになっていきました。

このように，家族に問題を抱えている子どもは，担当保育者だけでなく，数名の保育者が見守り，声をかけ，向き合うことが子どもの心を支えることになると考えられます。

3　居場所がたくさんあることで心の安定を図る

（1）どこにいてもいい

アユミさんに限ったことではありませんが，子どもたちの心は良くも悪くも，常に揺れ動いています。その揺れ動いている状態に柔軟に対応できるように，子どもたちが居てもいい場所の選択肢を増やす実践を，私たちの保育園は続けてきています。この子は，○○組だから○○組の子，という保育者の意識は時として，子どもたちの心を苦しめます。ですから，××保育園の中の○○組の子という意識をもつことが必要です。となりのクラスも，事務所も，長い廊下も子どもたちの居場所となるように，自分で居心地のいい居場所を見つけられるようにと願って，保育者の意識のもち方と環境構成を考えてきました。

アユミさんは，自分のクラスと事務所を居場所としていました。年長さんとして下の学年の子どもたちを引っ張っていきたいという願いを強くもっていますが，そんな気持ちになることが難しい日には，クラスではなく，事務所に来てそこにいる職員に体を寄せ，安心感を少し充電し，事務所で遊びだすのでした。そして，気持ちの切り替えがつくと，またクラスへと戻っていくことがしばしばありました。揺れ動くアユミさんの心は，保育者とのやりとりの中に表れていました。

> アユミ「あー，もっと事務所にいたいな」
> 保育者「もっと事務所にいたいんだね」
> アユミ「でもさ，○○組のみんながさ……」
> 保育者「うん，みんなが……」
> アユミ「ちゃんとやってるかなーって」「やっぱり行ってくるわ」

家族に問題があってもなくても，子どもはいつも未来へ向かって生きようとしています。その生きようとしている気持ちの表出がうまくいかない日もあります。そんなときこそ，保育者は，そっと援助していく存在なのです。子どもの揺れ動く心を一緒に感じ，時には一緒に揺れ，まるで子どもに伴走するかのようにそこに居る保育者は，子どもにあたたかなエネルギーを与えます。何かをしようとする姿勢ではなく，どうそこに存在しようとするかという心が大切なのかもしれません。

（2）何かを背負って

　前述したように，「子どもは，親の何もかもを背負って生きている」という意識を，私たち保育者は常にもつようにしています。その何かについて，保護者が伝えてくださると，保育者は子どもたちの言動を理解しやすくなるかもしれません。しかし，保護者の方は自分の周りで起きていることは，なかなか話しにくいものです。場合によっては，ご自身に負荷がかかっているとは自覚をしていないかもしれません。ですから，私たち保育者は，子どもたちを見ていくときには「なんでこんなに泣くのだろう」「なんで暴れるのだろう」という視点ではなく，「泣きたい何かがあったんだな」「暴れるほどの何かがあったのかな」という視点に立つようにしています。たとえ，家族が重い問題を抱えていたとしても，その子どもに責任はありません。ですから，その子によって個別の配慮は必要ですが，基本的には子どもをとらえる視点に変わりはないのです。

　また，家族が抱えている問題がどういうものなのか，ということは把握の必要があります。把握をするためには，何か起こる前から日常的にその家庭とコミュニケーションをとることを心がけます。把握したい気持ちが強くなりすぎて，保護者側が問い詰められたといった不快な思いをしないような関係づくりも必要です。把握した後は場合によっては，園の中で収めていてはいけない問題かもしれません。そういった場合には，自治体の関係機関との連携が必須ということも大前提にしておきたいことです。どこまでのことなら，関係機関へ連絡をするのかということについて，悩むところではありますが，これまでの経験から，今は，迷ったら連絡を入れることを，私たちは意識するようにしています。園がなんとかしてあげられるというような，保育者独特の優しさは子どもの育ちにとって間違った判断をしてしまう危険性があります。私たちは，その危険性を十分に認識しながら，この市・この町で生活しているという意識をもつようにしています。家族に問題がある場合にこそ，さまざまな社会的資源を利用していくことが，最終的には子どもたちの心と体の育ちを守ることになるのでしょう。

● 第 **4** 章 ●

保護者にかかわる
保育カウンセリング

Chapter 4
Parents

I 保護者との信頼関係

> ● さまざまな家庭の背景を理解しながら，コミュニケーションを深めていこう
> ● 保育者から「関係づくり」をしていくように工夫しよう
> ● 保護者・子ども・保育者の三者関係で考えながらかかわっていこう

1 信頼から契約の関係へ

　一昔前までは，保護者と園との関係性は，完全に信頼によって成り立っているといわれていました。たとえば，保護者が自分の子どもの悩みについて保育園の保育士に話そうとする際には，「この保育士の先生だから話したい」「わざわざ私どもの悩みのためにお時間をとっていただき感謝している」などといった，信頼関係が大きいからこそ感じるような「この先生にお願いしたい」という気持ちや，「お時間をとっていただき恐縮している」といった気持ちなどが，かつての保護者間に存在しました。

　しかし，近年，時代の変化とともに保護者と園との関係性が，契約という色合いに大きく変わってきています。「相談のサービスがあるから保育士にちょっと悩みを話してみるか」「保育料を払っているのだから，保護者の相談の時間をとるのはサービスとして当然であろう」などという「保育士に悩みを話してみるか」という利用できるから相談するような権利意識や，「時間をとるのはサービスとして当然である」という支払ったお金の対価としてサービスを求める気持ちが，近年の保護者に存在しているのも事実です。

　このように保護者と園との関係性が難しい方向に変化している中で，さらに，子育て家庭の中にはさまざまな家族形態があり，専門的なかかわりが求められています。たとえば，外国籍の家庭や外国をルーツとする家庭，さらには，ひとり親家庭，ステップファミリーの家庭など，家族形態についてはさまざまである中で，保育者は各家庭の保護者との信頼関係を築くことが求められています。子育て家庭とかかわる際に，どのような家庭にせよ，まずは，保護者との信頼関係を築くことが基本となります。

2 保育者から「関係づくり」をする

　では，保護者との信頼関係を築くにはどのようにしたらよいでしょうか。まずは，日常で保

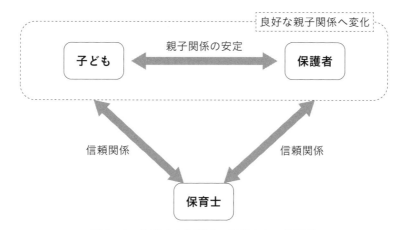

図 4-1　保育者と保護者・子どもとの関係性

護者とコミュニケーションをとる際に，保育者から「関係づくり」をしていくことが大切です。ちょっとした機会を見つけて，保護者に心のこもったあいさつをしてみることから始まります。そして，保護者の「今，ここで」の気持ちを聴くかのように，とにかくじっくりと保護者の声に耳を傾けてみることが大切です。保育者が保護者の心に関心をもちながら話を聴くことが必要です。また，保護者が保育者に話したことについては，保護者との信頼関係ともかかわりますので，他の保護者などに秘密にし，守秘義務やプライバシーの保護に努めていきます。

　保護者からのクレームに対して，よくクレーム対応といった言葉を使用しますが，クレームもまずは，保護者との関係をつくり，信頼関係を築くところから始まります。関係づくりに意識を向けていくとうまくいきますが，「対応」というように接していくと，どこかでクレームに対して，正論で応えるなどの接し方をしてしまいます。すると保護者は「訴えかけている気持ちを理解してもらえない」という感情が高まり，逆にこじれてしまうことが出てきてしまいます。さらに，保護者が訴えかけていることについて，保育者が評価をしてしまうと，保護者は心を閉ざしてしまうことでしょう。

　保育者には，一人ひとりの保護者を尊重しながら，ありのままを受け止める受容的態度が求められます。同時に，保護者への無条件の肯定的態度も求められます。このことは，保護者の不適切と思われる行動などを無条件に肯定するものではありません。保護者の援助を目的として，今，ここでの保護者の気持ちを深く理解することが，保護者にとって受け止められたという実感につながり，そのようなかかわりの積み重ねが信頼関係へと発展していきます。

　図 4-1 は，保育者と保護者，子どもとの関係を表したものです。保育者と子どもが日頃から保育を実践していく中で，信頼関係ができます。また，保育者と保護者との信頼関係が確立されると，子どもと保護者との親子関係にも安定をもたらし，良好な親子関係を築くことができます。しかし，保育者と保護者の間で信頼関係が築きにくい場合には，子どもと保護者の親子関係が不安定になり，かつ，子どもと保育者との関係も不安定になってくるのです。したがって，保護者との信頼関係を考える際には，必ず，子どもとの関係性や保育実践への影響も

考えなければなりません。

3　保育者が保護者に積極的に声を　　かけるところから信頼関係が生まれる

　タクヤくんのお母さんは，保育園の先生に対して，なかなか心を開いてくれていません。保育園の先生も，タクヤくんのお母さんが登園・降園で迎えにくる際に不愛想に見えたために，あまりいい印象をもっていませんでした。タクヤくんからすると，自分のお母さんと保育園の先生があまりにこやかに話したことがないことが続き，タクヤくんの登園時の様子に変化が現れてきて，泣きながら登園するようになってきました。

　このようなときに，保育者も人間ですから，なぜ，タクヤくんのお母さんは，不愛想なのだろうかと考えてしまったり，不機嫌そうな様子を見て，何か保育者側が悪いことをしたのではないかと疑心暗鬼になりがちです。しかし，保育者は，保護者を支援することも職務のひとつですから，まずは，保育者の側から一歩前に踏み出して，気持ちよく「あいさつ」をしてみたり，「最近お子さんのお家での様子はいかがですか」と子どもの話題でコミュニケーションを図ったりしていくことが必要です。

　保護者の側からすると，保育者の先生から話しかけられることは，気にかけてもらえていると感じ，とても嬉しく感じることでしょう。まず，保育者から積極的に保護者にコミュニケーションを図ることで，先入観や誤解がなくなり，保護者と保育者との間での信頼関係を築くきっかけになることが多いです。保護者が心を開くようになったら，保育者が保護者を支えていきます。その様子をタクヤくんが見ていることで，タクヤくんの心の安定につながり，タクヤくんの育ちにもよい影響を及ぼします。そして，保護者と保育者の信頼関係が深まっていくことによって，親子関係にもよい変化をもたらします。

4　クレームと言われる関係から深い信頼関係へ

　保護者の中には，クレームを保育者に伝えてくる方々がいらっしゃいますが，通常のケースの場合は，保護者からのシグナルと考え，保護者からのお話をじっくり聴き，保護者の気持ちに寄り添いながら，受容的態度で対応していきます。クレームのもとには，不満や不安，嫉妬，孤独感などの保護者の気持ちが隠されています。そのような気持ちに気づくためにも，じっくりと傾聴をしていくことが基本となります。ただし，クレームを聴く際には，ひとりではなく，複数でかかわることも必要になります。保護者が気持ちを理解してもらえた，真剣に取り合ってくれたと感じて，その後の何らかの保育者側の努力を感じることができるならば，保護者からクレームを向けられる関係から，保護者に頼りにされる深い信頼関係へと変わってくることもあります。ただし，難しいクレームのときもありますので，園の職員で連携

しながらチームでかかわることが求められることもあります。

会 話 例

保護者「うちの子だけ，なんで，怪我が多いんですか？　先生は，うちの子をしっかりと見ていてくれていますか？　こんないい加減な園であれば，他の園に転園させたいですね」

保育者「怪我が多いように感じていて，しっかり見ていないと思われていて，お子さんのことで不安なのですね。実は，昨日のお子さんは……（保育での出来事をお話しする）な様子で，いつもよりも少し疲れていたようです。保護者の方からすると，園でお子さんがどのように過ごされているのかが不安で，さらにていねいな説明がされずに不安でいらっしゃるのですね。お子さんの怪我については，私どもも把握し，少々，気になっていることがありますので，ここは，ご家庭と園が協力しながら，これまで以上に共有をさせていただき，一緒に解決をしていきたいと考えているのですが，いかがでしょうか」

演習問題

　保護者との信頼関係を構築するためには，保育者はどのような点に気をつけ，どういうかかわりをしていくことが大切でしょうか？　具体的なポイントとなることを，①1人で考えて，②4人グループで，③1人3分ずつ話してください。④グループの考えを整理するために5分話し合ってください。その後で，全体でディスカッションをします。

■参考・引用文献
厚生労働省（編）(2008). 保育所保育指針解説書. フレーベル館.
大竹直子 (2014). やさしく学べる保育カウンセリング. 金子書房.

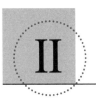

II　かかわり方のポイント

1　朝・お迎え

▶▶▶かかわりの *Point*

- ●話しかけやすい保育者は「笑顔」
- ●朝は子どもの言葉以外のメッセージを感じとろう
- ●お迎えのときは，子どもの経験の橋渡し役となろう
- ●遊びの中での子どものつぶやきをキャッチして伝えよう
- ●言いにくいことは成長していることと一緒に伝えよう

　子どもが生活をする場は，一日の中で家庭と園とに分けられていますが，子どもにとって24時間の生活には連続性があります。朝の家庭での過ごし方，体調などの情報を家庭から引き継ぎ，園で過ごした日中の様子は親に伝えるという循環が生活の連続性を維持し，子どもの成長を支えるにあたり何よりも大切なことです。保護者との信頼関係を築き，円滑なコミュニケーションを心がけたいものです。

（1）話しかけやすい保育者は「笑顔」

　朝の受け入れ・お迎えの時間は，短い時間ではありますが，保護者と直接的に会い，話すことができる場です。特に朝は，保育の専門家というスイッチを ON にして，お迎えできる準備をしましょう。一人ひとりの子どもや保護者のほうを向き，笑顔でしっかりとしたあいさつをし，毎日安定して迎えることが大切です。それは，ごくあたりまえのことかもしれませんが，園外から来る人の視点は思いのほか鋭く，さまざまなことに気がついたり，些細なことでも不安に思ったりするものです。

　たとえば，朝，子どもを預けに行ったときに，保育者同士が話に夢中で，子どもが来たことに気がつかない，あいさつをしても話に夢中になっている。あいさつはしてくれるものの何かに急いでいるのか，立ち止まることなく通り過ぎる。あるいは，特定の保護者とばかり談笑している。短い時間だからこそ，その時間の様子で保護者は，「子どものことをしっかり見てくれているのだろうか」と感じてしまいます。

　まずは，素敵な笑顔ができているでしょうか。「待っていましたよ」「会いたかったですよ」

という想いが伝わるようならば，保護者にとって話しかけやすいと思います。もしも，笑顔が難しいという人ならば，あなたが今まで向けられた笑顔の中で，印象に残るほど優しい笑顔を思い出してみてください。きっと気持ちから優しい笑顔になれることと思います。

　限られた少しの時間も笑顔で誠実にかかわろうとする姿勢こそが信頼関係の入り口となります。「この先生に話してみよう」と保護者が思えることが大切です。

　また保護者は，保育者が子どもの言動を大切に扱ったり，子どもが馴染んでいる保育の様子を見たりすることで，安心して子どもを預けることができます。

（2）朝は子どもの言葉以外のメッセージを感じとる

　保育者が毎日安定した姿勢で，朝の受け入れをしていると，日々の変化が見えてきます。特に朝の子どもは，家庭の様子を引きずっていることが多いので，親子の表情や子どもの動きによって，いつもと違うところが発見できます。

　子どもの目線の位置で言葉や表情であいさつを交わし，握手やタッチをしながら迎えます。「おや，いつもより元気がないかな」「お母さんから離れないな」「少し熱が高いかな」。健康状態については，触れてみて観察できることはたくさんあります。

　また，朝の短い時間でも，お家の人とたくさん遊んだのだな，どのような遊びをしてきたのかなど，家庭の様子を聞くことができます。家庭と園の生活に連続性をもたせ，責任をもってお預かりするという姿勢が，後の信頼関係に結びついていきます。

　加えて，朝の時間は余裕がない保護者も少なくないため，会話は手短かに済ませ子どもの気持ちの安定を削がずにいることも重要です。

（3）お迎えのときは，子どもの経験の橋渡し役となる

　コウくんのお母さんは，正社員で働いています。最近，プロジェクトの責任者となり，朝は早く出かけるため，コウくんの送りはお父さんです。夕方仕事が終わったら一目散にお迎えにくるお母さん。息を切らしながら急いで帰ってくるときもあります。家に着いたらコウくんに夕食をつくって食べさせ，お風呂や洗濯をしなければなりません。仕事の企画も考えなければならないし，時間に余裕がありません。

　お迎えにきたお母さんに話しかけるコウくんに対し，「余計なお話はいいから，早くして」とぶっきらぼうに答えます。そんな様子を見て保育者は，コウくんがお母さんに，今日保育園で遊んだ出来事を聞いてほしいと察します。

　そこで母親のがんばりを認めつつ，子どもにとって園と家庭の連続的な生活を意識してあげられるよう，橋渡しをしていきます。お母さんの仕事モードだったスイッチが切り替わるよう，また，我が子が愛おしいと感じられるように，園であったことを伝えたり，子どもの気持ちを代弁したりします。

保育者「お母さん，お仕事お疲れさまでした。今日は，みんなで折り紙の小鳥を折りました。コウくんは，とても上手に折れたんですよ。『ママの小鳥はピンク色でつくるんだ』と一生懸命折り方を覚えていたので，お家で折ってくれるかもしれません」

保護者「あら，コウくん，がんばって折ってくれたのね。どんな小鳥さんか見たいな。お家に帰ったら，お母さんにも折り方を教えてほしいな」

コウ「いいよ」（大きくうなずき嬉しそう）

（4）遊びの中での子どものつぶやきをキャッチ

「今日は，段ボールの家を置いておいたら，ソウちゃん（2歳児）が中に入って窓から顔を出し『ソウちゃん，ニャクドニャルド』と教えてくれました。『みんな，ハンバーガー屋さんだって』と呼びかけると，近くで遊んでいた年長さんがハンバーガーを買いに来てくれました。窓口でハンバーガーを売る（「はい」と手でタッチをする）ソウちゃんがかわいかったので，年長さんが話し合って近くでハンバーガーづくりが始まりました。『じゃあ，ポテトもください』と言ってみると，年長さんは『えっ，ポテトはつくってない』とソウちゃんを助けようとしましたが，ソウちゃんは，少し考えて，『ピロリ，ピロリ，ピロリ……はい』とメロディーにのって歌い，ポテト（手でタッチ）を手渡していたんですよ」

ここまで話すと，「あっ，それポテトの揚がるときの音楽ですね」とお母さんが笑いながら答えました。「この間，一緒に買いに行って見ていたのだと思います。見たことをいつの間にか覚えているものなのですね」と，お母さんの中で，日常の経験とソウちゃんの発達を結びつけて理解をしている様子でした。

その日にあったことを伝えるときは，子どもが実際に使っていた言葉やつぶやきを取り入れ，遊びの経緯や展開を含めて伝えることで，その場にいなかった保護者にも伝わりやすくなります。上記の場合，今まで感覚遊びが中心だったソウちゃんが，日常の中の経験を象徴遊びで再現できていること，年長児との交流など社会性も広がりを見せていることが伝わってきます。日々の子どもの成長を見守ってもらえる安心感や愛らしさが感じられるように伝達しましょう。

（5）言いにくいことは成長していることと一緒に伝える

日々のやりとりは，連絡帳を用いることが多いですが，それでは伝えきれないこと，保護者に直接会えるからこそお話しできることがあります。

たとえば，園で起きた小さな怪我や体調の変化，お友だちとのいざこざについては，連絡帳

ではなく直接会って説明したほうが伝わりやすく，誤解が生じることがありません。

　まずは，話すのに落ち着いた場所を選びます。お迎えの際に往来のないところで話す，または部屋を用意して話すかは，状況と内容により決めます。

　言いにくいことを伝えるときは，今日の遊びの流れや，子どもの成長している行動と一緒に伝えましょう。たとえばお友だちとのトラブルを伝える際，単にトラブルの部分だけを伝えると，否定的に伝わりやすいため，がんばっているところ，成長したところを伝え，遊びの流れの中でどうしてそうなってしまったのか，今後どのように対応していきたいのかなどを話したほうが理解をしていただけます。

説　明　例

> 保育者「今日のヒデくんは，仲良しのトシくんと一緒に紙飛行機づくりをしていました。どちらが遠くに飛ぶか競い，羽の形や飛ばし方など工夫して，いくつもの飛行機を折っていました。考えたり，挑戦したりする力が育ってきています。ところが走って勢いをつけようとしたヒデくんの前を年少さんが横切り，避けようとしたヒデくんが勢い余って転んでしまいました。すりむいてしまったところは手当てをしましたが，お家でも見てあげてください。どうもすみませんでした。今後は，広いところで遊べるよう気をつけます」

2　個別相談

▶▶かかわりの Point

- ●保護者の養育者としての成長を支えよう
- ●信頼関係を築くための姿勢（傾聴，受容，共感的理解）を心がけよう
- ●園ならではの環境を使った支援と提案をしよう
- ●適切な関係機関との連携の必要性を心がけよう
- ●秘密保持と個人情報の取り扱いに注意しよう

（1）保護者の養育者としての成長を支える

　ある朝，モモちゃんのお母さんが，「相談したいことがあるのですが，お時間ありますか」とたずねてきました。その場で時間を話し合い，今日のお迎えの時間に個別相談をすることになりました。

　約束の時間に園に来られ，「どこに相談したらいいのか，わからなくて……。子どもの成長や発達が不安だけれど，誰も相談する人がいないのです……」と話し始めます。話をうかがっていると，夫は仕事で帰宅が遅く，生家が遠いため祖父母に頼れない，新居を構えた知らない

土地には知り合いがいないなど，母親の身近に相談する人がいないという現実が見えてきました。

　そんな中，何度も考え，決意して相談に来たことや，子どもへのたくさんの想いと母親として一生懸命に行動しようとしている気持ちが想像できます。

　まずは，親として解決への一歩が踏み出せていることを肯定し，保護者を「よく来てくださいましたね」と迎えましょう。保護者にとって保育者は，子育ての伴走者です。がんばっていることをねぎらい，今できていることを認めます。そして改善に時間を要するだろう相談は，「これについては，一緒に考えましょう」と成長を一緒に見守っていることが伝わる言葉かけをしましょう。保護者がまずは安心し落ち着きを取り戻すことで，より客観的なまなざしで，状況や子どもに注目することができるようになります。

会　話　例

保護者「ごはんを少ししか食べません。下の子が生まれてから，赤ちゃん返りをして，ごはんを食べずに哺乳瓶に牛乳を入れ飲んでいます。どうしたらいいのでしょうか」
保育者「哺乳瓶を使っているのですね。自分から飲もうという意欲は素晴らしいことですよ。いつかは外れますので，ほしいだけあげてください」

（2）信頼関係を築くための姿勢（傾聴，受容，共感的理解）

　さまざまな想いを抱えて相談に来た保護者と信頼関係を結ぶには，まず保護者の話を大切に聴くことです。保育者が「あなたの話をしっかりと聴いていますよ」「あなたを受容していますよ」というメッセージをもち，心から耳を傾けてくれる態度は，保護者にも伝わり，「この人なら親身になって話を聴いてくれる」「もっと話したい」という信頼関係をつくり出します。

　傾聴は「うなずき」「あいづち」「伝え返し」「感情の反射」「感情の明確化」などの技法（第2章参照）を使い保護者が話しやすいよう心がけます。

　そして話を否定しないことが大切です。「でも」というさりげない口癖にも否定の意味は含まれています。自分が話したことを受け止めてもらえないということは，保護者を傷つけるばかりか，信頼関係を失いかねません。どのような気持ちで保護者が話しに来たのかを考慮に入れ，たとえ，保護者の考えが間違っていたとしてもその場では指導したりせず，気持ちを受け止めるようにします。「～と感じられるんですね」と相手の言葉を繰り返しましょう。

　共感とは，相談者の立場に立って，相談者が感じた感情をともに感じることです。保護者の表現した事柄を感情に焦点をあてた言葉で繰り返す「感情の反射」や，保護者の感情を正確にとらえるために表現しきれない感情を言語化したり，言い換えしたりしていく「感情の明確化」を使い理解していくようにしましょう。

　保護者が保育者により受けとめられ，共感して話を聴いてもらう経験は，保護者自身の子ど

もの話を聴く力につながっていきます。

保護者「夕方になると子どもがぐずりだします。家事をしなきゃいけない忙しいときに泣か
　　　れるととても困ります」

保育者「忙しいときに泣かれると困りますよね」(伝え返し)

保護者「保育園では泣かないのに，どうして私だと泣くのでしょう。このまま私になつかな
　　　いのかなと思うと不安で仕方がなくなります」

保育者「このままなつかないのかなと思うと不安で仕方がないのですね」(感情の反射)

保護者「私のやり方が悪いのでしょうか。一生懸命にやっているのに，この子に責められて
　　　いるような気がします」

保育者「ぐずりが自分のせいだと思い，責められている気さえするんですね」(感情の明確化)

保育者「はい，この間は泣いてご飯を食べなかったので，捨ててしまいました。叩いても泣
　　　いているので，このままだと自分にとっても，子どもにとってもよくないなと思って
　　　……」(泣く)

保育者「よく話してくれましたね。お母さんひとりで悩んでつらかったですね」

（3）園ならではの環境を使った支援と提案

　保護者に優しい支援とは，保育者がすべてをやってあげることではありません。保護者が自
己決定をして子育てをすることが楽しく，自信をもてるようになることが大切です。それは子
育ての小さな成功体験や子どもの小さな成長の発見の積み重ねです。子どもと一緒に親も成長
していくということを視野に入れ支援をしましょう。

　ハナちゃんは，今年から入園してきた3歳児です。暖かい季節になり，オムツを外したいと
いうことでお母さんが相談に来ました。

保護者「オムツを外すのは，今年の夏がチャンスだと思っています。なんとか保育園ではず
　　　してもらえませんか？」

保育者「お家ではどのような練習をされていますか？」

保護者「時間を決めてトイレに連れて行きます。でも，ちょっと手が離せないときや，寝る
　　　ときなど失敗されると嫌だなと思うときはオムツをつけています」

保育者「子どもにとっては，園と家庭が同じ歩調で支援したほうがいいですね。一緒に協力
　　　してオムツをとれるようにしましょう。今日，お時間があるようでしたら，園でおまるに

座る練習を見ていきませんか？」

保護者「はい，やり方を見せていただいて同じように試してみたいと思います」

（4）適切な関係機関との連携の必要性

現在，保護者の相談内容は多様化しています。保育園(者)が相談に応じるだけでなく，他の専門職と連携をした支援を必要とする場合があります。

タロウくん（5歳児）の父親は，仕事を辞めて半年が経っています。母親の話では，父親はうつ病と診断されており，通院していますが，なかなか改善しないそうです。夫婦間の関係は悪く，時々父親が母親に対し暴力を振るうことがあります。被害はタロウくんには及んでいませんが，母親は，タロウくんを父親から守るのに必死です。収入は母親のパート代のみで経済的にも困っている状況です。

このようなケースの場合，子どもと母親の心身の安全を考慮し，他機関との連携が必要になります。父親の入院が必要なのか，母子の避難が必要なのか，地域の見守りが必要なのか状況によってさまざまな想定ができますが，福祉事務所，医療機関，児童相談所，配偶者暴力相談支援センター，保健センター，警察，民生委員等との連携を視野に入れます。

また，相談件数が多いと思われる，子どもの障がいや発達上の課題が見られる場合については，児童発達支援センター等の専門機関と連携や協力を図りつつ支援を行っていきます。地域の社会資源を生かし，顔の見える連携をすることが大切です。

（5）秘密保持と個人情報の取り扱い

保育や相談を通して知り得たことはすべて個人情報です。秘密や情報は大切に扱い，正当な理由がなく，その情報を第三者に話すことは禁じられています（児童福祉法第18条の22，全国保育士倫理綱領）。秘密保持の尊重は，相談者との信頼関係を構築するためにも大切です。ただし，以下のような場合は，例外もあります。たとえば虐待が疑われる場合など，秘密を保持することが子どもの最善の利益とつながらない場合は，必要に応じて関係機関と情報を共有することの同意をとり，状況の改善を図っていきます。相談の場をより安全にするため，相談の初めの段階で，そのことを伝えておきましょう。

関係機関と情報を共有する場合

①明確で差し迫った生命の危険があり，攻撃される相手が特定されている場合

②自殺等，自分自身に対して深刻な危害を加える恐れのある場合

③虐待が疑われる場合

④直接かかわっている専門家同士で話し合う場合

3　電話・連絡帳

▶▶かかわりの*Point*

- ●家庭→園，園→家庭をスムーズに（健康状態の把握，生活の連続性）
- ●双方向のかかわりで信頼関係を築く　●保護者の自信を支える
- ●発達の特徴や情緒のケアを伝える

　連絡帳は子どもの園や家庭での様子，生活のリズム，親子のかかわりを知るなど健康面や発達面でさまざまな役割を果たしますが，双方向の伝え合いを通し，保育者と保護者が信頼関係を築いていける手がかりとなります。

　保育者は，保育の専門家，子育てのパートナーとして保護者とともに子どもの成長を喜び，保護者が養育者として楽しさと自信をもって子育てができるよう，時には励ましの言葉や，子どもとの愛情が深まる言葉で支えていきましょう。

（1）健康状態の把握

　朝，子どもを受け入れる際，保育者は，子どもの健康状態は目視で確認し，それに加え連絡帳に書かれたことを手がかりに，園でどのように過ごしたらよいかを把握します。「外で遊ばせないでほしい」「多く着せたので脱がさないでほしい」など保護者の要望があれば，その気持ちを尊重して，見守った経緯を伝えましょう。保育者は「今日は，暖かくして室内で過ごしました。おそば屋ごっこをお友だちとするなど，熱もなく，機嫌よく遊んでいました」など，保護者の不安をくみ取り，園での体調の様子や動きについて知らせていきます。子どもにとって園と家庭とで過ごす場所は違いますが，24時間はつながっています。双方が連絡を取り合い，過ごしやすくスムーズなかかわりや環境づくりをしたいものです。

　健康について把握するポイントは次のようなものです。

●体温　●食欲　●睡眠，昼寝　●おなかの調子　●機嫌　●ぐずり（親と離れられるか）
●服装　●遊び方　●お友だちや保育者など

記 述 例

保護者「ようやく熱が下がったので登園させます。ずっと家で一緒にいたため，朝はぐずりました。機嫌が悪くて申し訳ありません」
保育者「お母さんが大好きなユイちゃん，園が久しぶりで，少し心細かったようですが，し

第4章 ● 保護者にかかわる保育カウンセリング

105

ばらく抱っこをしていたら，落ち着いてきましたよ。お友だちにお気に入りのネコのぬい
ぐるみを何度も『どうぞ』と届けに行き，笑顔のユイちゃんも見られました。すぐに機嫌
が戻り，体温も平熱でした」

　保護者が，ぐずる子どもから離れることに不安や申し訳ない気持ちを抱えていたことなどを
考慮し，その後の子どもの様子を伝えることも保護者の安心につながります。

（2）生活の連続性

　生活リズムの確立は，家庭との連携が不可欠です。家庭でどのように過ごしているのかを把
握するとともに，園からも食事，睡眠，排泄などの状況を伝え，子どもが戸惑うことがないよ
うに足並みをそろえた支援をしていきます。

記述例

保育者「今日はライオン公園に年長さんと一緒に遊びに行きました。長い距離をお兄さんお
　　　姉さんと手をつないで元気に歩いていたコウちゃん。ご飯も完食し元気に過ごせていま
　　　す。疲れているはずなのですが，昼寝をしていません。お休みのときは，ご家庭でお昼寝
　　　はしていますか？」
保護者「元気に過ごせたようで嬉しいです。実は家では，お昼寝できないことが多いです。
　　　最近，絵本を読み部屋を暗くしトントンすると眠れることもあります」

（3）双方向のかかわりで信頼関係を築く

　連絡帳は，伝えたいことを絞って肯定的に書きましょう。内容が長すぎるとうまく伝わりま
せん。連絡帳は後に残る成長の記録にもなることを意識し簡潔に書きます。
　その場面を見ていない保護者に，その日，子どもたちがどのように遊び，成長があったの
か？　読んだ絵本，遊びの中での発言，保育者との会話，お手伝いや思いやりのある行動はで
きたか，友だちとのトラブルや悔しい思いがあったかなど，具体的な例をとりあげて書きます。
　誠実に子どもの様子を伝えてくれる保育者，保育者の優しいまなざしで見ていたであろうエ
ピソード，相談ごとに前向きに励ましや時にはねぎらいの言葉をかけてくれる保育者の想い
を，保護者は信頼に変えていくことでしょう。

記述例

保育者「お友だちとおもちゃの取り合いでは，いつも相手に譲ってしまう優しいソウちゃ
　　　ん。今日は，砂場でシャベルの取り合いになりましたが，シャベルを持つ手を離さず，使

いたい意志を示していました。そんなときは『貸して』ってお話しするのよ，と伝えると，『貸して』と言うことができていました。お友だちとの関係も日々成長しています」

（4）保護者の自信を支える

子どもの成長や初めてできたことは，保護者とともに喜び合えるよい機会です。おや，そろそろつかまり立ちからひとりで立つ兆候があるかなと感じた際は「もうすぐひとりでたっちをしそうです。いつになるか楽しみですね」など前もって知らせていきましょう。成長の瞬間に出会うときや発見の喜びや感動は，親としてのやり甲斐や愛情につながっていくでしょう。

会　話　例

保育者「今日はぞう組のお兄さんお姉さんと園の近くの森にお散歩に行ってきました。とても機嫌がよく，保育者に何か伝えたそうにずっと葉っぱを指さしていました」

保護者「先日実家に帰った際にじいじが『はっぱ』だよとコウちゃんに何度も教えていました。実は帰り道で指をさして『はっぱ！』と言ったのです！　初めてしゃべっているのを目にし感動しています。先生方にもしゃべる姿を早くお見せしたいです」

（5）発達の特徴や情緒のケアを伝える

保護者にとって，子育ては，新しいこととの格闘の毎日。そんなとき，保育者の専門的な立場からの助言は，心強い発達の道しるべとなります。保護者の戸惑いや質問には，発達の状況を踏まえ対応しましょう。わからないことは「調べておきます」でもよいと思いますが，「こうするとうまくいきました」など，具体的な対応策を記述できるようにしましょう。

記　述　例

保護者「最近いやいやがひどくて，朝起きてから着替えをし，朝食を食べさせるまでに大騒ぎです。特に食事は数口でやめてしまうことも多く，とても心配しています。なんとかたくさんご飯を食べてもらう方法はないでしょうか」

保育者「朝の忙しい時間に大変でしたね。数口であっても朝食を食べる習慣をつけていらっしゃることが素晴らしいです。食べる量は成長とともに運動量が増え，『お腹がすいた』という感覚がわかってくることが多いようです。園ではお散歩の後に食事をしていますが，身体を動かした後はたくさんご飯を食べてくれることがよくあります。マコちゃんが楽しく食事できるよう引き続き工夫してまいります」

（6）体調の変化の際に保護者を呼び出す電話

　子どもは元気に登園したとしても，突然体調を崩すことがあります。このように電話連絡は急用の際に行います。連絡を受けた保護者は，仕事の途中に帰宅することになりますが，すぐにつながらない，勤務を抜けられないなども想定し，時間に余裕をもった連絡を心がけます。近くにかかりつけの病院などがある場合，受診することも考慮に入れ連絡をします。

　保育者「お仕事中，申し訳ございません。カナちゃんの体調の件でお電話しました。いつもよりも元気がなく，食事も進まないため，体温を測ってみましたら，微熱がありますので，お知らせいたします」

　保護者「午後から休みをとり，すぐに迎えに行きます。1時半ごろに着くと思いますのでよろしくお願いします」

①ユウちゃんは，偏食が多い4歳児です。今日はおいしそうに食べているお友だちを見て，苦手なニンジンの煮物を一口でパクリと食べることができました。いつも偏食を気にしているお母さんに連絡帳を書いてください。

②2歳児のマコちゃんは，最近お昼寝がうまくできません。生活リズムを整えるために，日頃お母さんに登園の2時間前の起床をお願いしています。近頃の連絡帳には，登園ぎりぎりの起床時間が記載されていました。このままではお昼寝がうまくできません。お母さんに連絡帳で起床時間の改善を連絡してください。

③ユウちゃん（4歳）の母親から朝いただいた連絡帳です。一日元気に過ごしたことを連絡帳の返事として書いてみましょう。

　「今日は，37度と平熱より体温が高めなのですが，本人はいつもと変わらずに元気で，お友だちと鬼ごっこをして遊ぶんだと言っているため登園させます。何かありましたら，すぐに迎えに行きますので，よろしくお願いします」

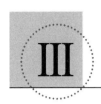

III 関係づくりのポイント

1 不安の強い親

▶▶かかわりの *Point*

- じっくりと話を聴き，不安な気持ちに共感していこう
- 家族にも育児に関心をもってもらえるように支援しよう
- 不安な親とその子についての居場所を提供していくことから始めよう

（1）不安の種類について

不安には「状態不安」「特性不安」という二つの種類が存在します。状態不安というのは，ある状態に置かれたときや，ある場面において感じる不安のことをいいます。たとえば，子どもを育て始めたときに，育児の方法に不慣れであると，「この先，この子を育てられるだろうか」といった不安に苛まれることがあることでしょう。つまり，一時的かつ状況的に不安な状態になることをいいます。

一方で特性不安は，ストレスがかかると状態不安が生じやすい傾向であり，その人自身のもともともっている不安のことで，ストレス状況に応じて漠然とした不安がその人に感じられるといったものです。

不安が強い保護者のことを考えるとき，その保護者が「状態不安」を抱えているのか「特性不安」を抱えているのかによって，多少なりとも子育て支援のあり方が変わってきます。基本的に，保育者が出会うことが多いのは，育児をしている際に不安が起こる，「育児不安」と呼ばれる「状態不安」が多いでしょう。

（2）育児不安という名の不安

保護者が抱く不安の中で圧倒的な割合で多いのが育児不安です。保護者の強い不安ということで，育児不安は考えておかなければならない不安のひとつです。育児不安の定義としては「子どもの現状や将来，あるいは育児のやり方や結果に対する漠然とした恐れを含む情緒の状態」（牧野，1982）とされています。

保育者の中には，育児不安がまったくないことが良いことであると思っている方もいるかも

しれません。ですが，実は，不安がないということは，良いことではないと言われています。育児不安がない人は，育児に対してあまり真剣に考えていない人が該当すると思いませんか？おそらく，育児に目が向いていない，育児に関心がない，子どもに興味がなく面倒をみようとしないといった人であれば，育児の不安を感じることなく，過ごすことができるでしょう。

　育児が初めてで子どもに関心をもち，育児に目が向いている保護者というのは，どのように育児をしたらよいのかを考えますので，当然ながら，不安に苛まれることになります。

> ●ナルトくんのお母さんは，ある日突然妊娠をし，ナルトくんの母親になることの実感をもてないまま，ナルトくんを出産しました。自分が母親になるという心の準備ができていないため，いざ生まれたばかりのナルトくんを抱っこしても，どうしたらよいのかという漠然とした不安が生じています。
> ●サチエちゃんのお母さんは，サチエちゃんがまだ生まれたばかりで夜泣きなどがひどく，サチエちゃんの子育てにおいて苦労を感じて，自分の子育てがうまくできていないのではという不安が生まれてきています。
> ●イオリくんのお母さんは，イオリくんが生まれてから育児に束縛されているように感じており，子育てが楽しくないながらも，このままでいいのだろうかといった不安がよぎってきます。
> ●モモコちゃんのお母さんは，モモコちゃんが生まれても，心から母親になってよかったとはどうしても思えないがために，不安になってきてしまいます。

　これらの4人のお母さんは全員，育児不安が強く，母親の置かれている状況によって育児不安が生じているケースです。さらに，お母さんが専業主婦であったり，出産前後に仕事を退職したときに不満の気持ちがあったこと，さらには，祖父母と別居であったり，そもそも子どもが好きでないといった母親に，育児不安が強くなる傾向がみられるといわれています。

　これらの不安が強くなる背景として，育児経験が少なく，不慣れであることから不安が強くなる傾向があります。また，母親がひとりで子育てを担いすぎて孤立してしまうことから，不安が強くなることもあります。育児不安を抱えた母親は，育児のやり方について，どうやったらよいのでしょうと正解を求め続け，日々，不安になることがあります。

　たとえば，おむつはずしの時期に差しかかり，あまり経験がなくわからないと，お母さんたちは「おむつのはずし方はどのようにしたらいいんだろうか？」と不安が強まるでしょう。そして，インターネット等で，おむつのはずし方の情報を収集してやってみるも，そのやり方が果たしてベストで正しいものなのかと不安を感じます。

　さらには，育児が連続していくことによって，お母さんの育児への疲労が蓄積されて，結果的に育児がうまくいかないと感じてしまい，お母さんの育児不安が広がるということがある場合も想定しておかなくてはなりません。

ところで，最近は不安をともなった精神疾患の名前が知れ渡り，「あの保護者の方は○○神経症」などと保育者が先入観をもちながら，保護者とかかわることが散見されるようになってきました。病気を診断できるのはあくまでも医師であり，不安が強い親であるからといって，先入観や偏見をもつことは，保育者のあり方としては決してプラスに働くことではありません。

（3）育児不安などの不安が強い保護者へのかかわりとは

育児不安の強い保護者には，どうしても保護者のほうから声をかけ，助けを求めることができないことが多くあります。そのため，保育者が保護者に寄り添いながら子育て支援を実践していく必要性が生じてきます。お母さんのつらさについて保育者が受け止めながら，じっくりと話を聴き，共感していくことが不安を低減するかかわりのひとつです。

不安の強い保護者は，つらい状況に立つほど，親密な援助者との間において自己開示を盛んに行う傾向もみられるため，保育者は日頃から保護者との信頼関係を築き，育児不安での自己開示を受け止める力量形成を行っておく必要があります。

また，不安が強い保護者に対しては，相談にのる保育者がいることが不安の軽減につながりますが，その相談にのる保育者が保護者との信頼関係を築くために，たとえば以下を実践することも推奨されます。それは F. P. バイステック（Felix P. Biestek）による「バイステックの7原則」といい，次の7項目で構成されます。

①個別化の原則（悩みを抱えている人の問題に同じ問題は存在しない。そのため，悩みを抱えている人への決めつけや分類などはしない）

②意図的な感情表出（悩んでいる人の感情表現を自由に認められるようにする。悩みを話しやすい雰囲気を意識していく）

③統制された情緒的関与（援助者が悩んでいる人の感情に巻き込まれないように，悩んでいる人の気持ちを理解しながら，援助者自身の気持ちを統制しながら接するようにする。感情移入をしすぎていないか気をつける）

④受　容（援助者が悩んでいる人のありのままの気持ちを受け止める）

⑤非審判的態度（悩んでいる人に対して，良い・悪いと決めつけたり，責めたり，裁いたりしようとしない）

⑥自己決定（悩んでいる人が進むべき道を決めるのは自分である）

⑦秘密保持（悩んでいる人の話を援助者が聞き，その内容については秘密を守り誰にも口外しない）

この7原則を実践することで，保護者との間で信頼関係を築くことができます。

さらに，強い育児不安をはじめとした不安を抱えている親子に対して，保育者として，母親と子どもの居場所があるかどうかという観点から確認を行います。もし居場所がなければ，保

育者が日常的に居場所をつくることで，その居場所で，保護者同士で自由な時間に楽しく過ごす場所になったり，保育者に相談する場として意味をもつこととなり，結果的に不安の軽減に役立ちます。

　ところで，育児不安の場合，夫の育児への関与やねぎらいが，育児不安の軽減のポイントであるといわれています。保育者としては，不安の大きい母親がいた場合に，ただ母親の相談を聴くだけではなく，両親に育児への興味・関心をもってもらえるような工夫が必要でしょう。育児不安の強い保護者の場合，保育者に求められる専門性は，保護者からの相談に応じることができるかどうかです。

　また，母親の育児不安については，専業主婦の育児不安と，仕事をしながら子育てをしている母親の育児不安とでは，不安の内容が異なっています。専業主婦の母親は，子育てが孤立しがちになり，「自分の子育てが正しいのかどうか」「育児に自分が向いていないのではないか」といった，相談相手が限られた中で子育てをしているからこその不安を抱えています。さらに，仕事をしながら子育てをしている母親には，「自分がもっと子育てにかかわらなくてよいのか」「さみしい思いをさせていないか」などの，子どもと離れているからこその不安が生じます。

　不安が強い人には，「こうすべきなのだろうか」「こうしてはならないのでは」といった考え方（不合理な信念）が存在します。保育者としては，不合理な信念を意識しながら悩みを聴くことも大切です。きっと，話を聴いていき少しずつ不安が和らぐにつれて，不合理な信念がなくなってくるのも実感できるでしょう。

 演習問題

　不安が強い保護者に対して，保育者は具体的にどのようにかかわり，サポートすることが望ましいでしょうか。2人一組になり，不安が強い保護者役と保育者役になり，役を演じることを全体で発表して，みなさんから意見をもらいましょう。

2　子どもに無関心な親

▶▶かかわりの *Point*

● 無関心の背後にある保護者の気持ちを理解しよう

● 通園を途切れさせないことを最優先と考えよう

● 園全体で子どもへのかかわりを心がけよう

お迎えのとき一日の子どもの様子を伝えても関心を示さない保護者，子どもへの意識が低く十分に世話ができていない保護者，子どもの状態や問題を理解できていない保護者など，子どもに無関心な保護者がいます。また，子どもをかわいがってはいるけれど，子どもの気持ちやしつけには無関心であったり，関心と無関心に気分の波があったりする保護者もいます。

こうした保護者を目のあたりにすると，保育者は子どもの生活や成長が心配になるでしょう。子どもの成長には親の愛情が必要で，健やかな身体と心の成長に大きな影響を与えるからです。

（1）無関心の背景にあるもの

a）親自身が心の問題を抱えている

子どもに無関心であることの理由に，たとえば，親が精神疾患を抱えている，親自身が発達障がいを抱えている，望まない妊娠であり心の準備ができないまま出産し，子育てに向き合えないでいる場合などがあるでしょう。また，経済的な問題や仕事上での悩みを抱えていることもあります。ひとり親で，生活をすることに精一杯。気がつくと子どもに意識が向かなくなってしまう場合もあるでしょう。

b）両親，家庭内の不和

家族内，夫婦間の人間関係が不和である場合もあります。保護者が葛藤や孤独感や不安を抱え，心が疲弊し無気力になる中で，子どもへの関心が少なくなることがあります。このようなとき，子どもの心も不安定になりやすく，問題行動をとることもあるでしょう。

c）子どもへのかかわり方がわからない

保育者からは「無関心」に見えるときでも，実際には「親は子どもに何をしてあげたらよいのかわからない」でいることもあります。こうした保護者の中には「わからない」という自覚がなく，「これでいい」と思っていることも少なくありません。保育者が具体的に伝えると，そのようにしてくれる場合は，ここに該当することが考えられます。

d）子どもへの意識が低い

子どものことよりも別のことに関心がある場合，親の子どもへの意識は低くなります。このケースで，現代，最も指摘されているのが「スマホ・ネグレクト」（親がスマホに夢中になり，子どもが放置されること）です。子どもの食事や生活の世話はしているけれど，子どもの心に無関心でいる。しかし，親自身もそのことに気づけていないことがあります。

（2）話を聴く

a）無関心の背景にある要因を理解しよう

このように，「無関心」の背景にはさまざまな要因があります。そのため，まずは保護者の話を聴きましょう。

大切なことは，無関心である保護者を「正そう」「導こう」とするのではなく，「理解しよ

う」「一緒に感じてみよう」とすることです。保護者が子どもに無関心でいることには，何か理由があるはずです。いくつもの要因が複雑に絡み合っていることもあるでしょう。問題指摘をするのではなく，保護者の心の様相を感じてみること，理解しようとすることが大切です。

b）ネグレクトなどに注意を払おう

保護者の話を聴き，無関心の背景にある「保護者の気持ち」を理解しながらも，押さえておかなければならないのが「現状の把握」です。もしも，すでに育児放棄（ネグレクト）に至っている可能性があると判断した場合は，いち早く専門機関に相談・通報することが必要になります。

子どもにとって，乳幼児期に親子関係で愛着を築けないことは，子どもの人格形成や人生に大きな影響を与えてしまいます。知能や言語に遅れが生じることもあります。またこのようなとき，親自身も孤独感や不安感を抱え，サポートを必要としていることがほとんどです。そのため，できるだけ早く専門機関に相談することが望ましいでしょう。

c）最も大切なことは，通園を途切れさせないこと

親が子どもに無関心でいるとき，園として最も大切になることは「子どもの通園を途切れさせないこと」です。子どもにとって，自分を受け容れてくれる保育者の存在，安心できるかかわりの中で多くのことが経験できる園という環境は「安全基地」になっているからです。

そのためにも，保育者は保護者に対して，無関心を直そうとするかかわりではなく，「今日も園に，お子さんを連れてきてくださって，ありがとうございます」というねぎらいの気持ちをもちつつ，保護者との「関係づくり」を心がけましょう。そして，保護者の現状や気持ちの理解に努め，保護者が少しずつ子どもと向き合っていけるようサポートすることが大切になります。

（3）「お願い」より「受容」をしよう

子どもに無関心な保護者に必要なのは，保育者からの「お願い」「助言」ではなく「受容」です。受容とは，保育者の価値観で保護者の行為や思い，考えを肯定・否定することではなく，「こんな気持ちがあるのですね」とあるがままを認める態度です。

「親」は，生物学的には子どもを授かり，子どもが生まれることで親になりますが，心が「親」「お母さん」になることは，そう簡単ではありません。心も「お母さん」になるためには，「母親である自分」を周囲の人たちに受容してもらう体験が大きな助けになります。保育者の先生方に「（子どもの）お母さん」として認めてもらう。たとえ親として完璧ではなくても，不安でも，知らないことがあっても「子どもにとっては，かけがえのないお母さん」であると受容してもらうと，それを通して，保護者は「私はこの子のお母さんなのだ」「この子にとって，私はかけがえのない親なのだ」という実感につながり，親である自分自身を受容できるようになります。そしてそのことは，親が「あるがままの子ども」を受容すること，向き合うことにつながっていきます。

（4）親の自覚や自信を育てよう

a）親のできていること，よかったことなどをフィードバックする

親の「できていること」「よかったこと」を積極的にフィードバックしましょう。「清潔な服を着て通園できていること」「今日も親子で通園できたこと」など，一見あたりまえと思えることでも，「できていること」「よかったこと」を見つけて伝えることは，親としての自覚や自信を育むことにつながります。さらに，親の言葉や行動が，どのように子どもに良い影響を与えているかも，具体的に言葉にできるとよいでしょう。

このときポイントになるのは，保育者の喜びや感動など，気持ちを込めて伝えることです。保育者が嬉しい気持ちや感動を伝え続けると，それは次第に保護者の気持ちに届き，保護者にとっても喜びになっていくようです。

また，「子どもとのかかわり方がわからない」「（体や心が）忙しくて子どもにかかわる時間がない」という保護者には，具体的に，子どもとのかかわり方を伝えることが必要です。そのとき，理想的なかかわり方を伝えるというよりも，「保護者ができそうなこと」「保護者がしたいと思いそうなこと」をイメージして，かかわり方を伝えるとよいでしょう。保護者が，それを実際に子どもにしてみて，子どもの笑顔が生まれるとき，親の自覚や自信につながっていきます。

b）保育者がコミュニケーション・モデルになる

そのためにも，まずは，保育者が「コミュニケーション・モデル」になりましょう。朝やお迎えのとき，保育者の子どもへの声かけとかかわりは，親にとって大切で具体的なヒントになります。また，子どもに対して「こんな場面で，こんなかかわりをしたら，これができた」ということがあれば，積極的に伝えましょう。それは，子どもへのかかわり方のお手本となるとともに，親としての喜びとなり，子どもへの関心へとつながっていきます。

> 保育者「思いどおりにできずに大泣きをしたとき，（言葉をかけて落ち着かせようとするのではなく）静かなところに座ってもらって，背中をゆっくりトントンしたら落ち着き，泣き止むことができましたよ」

（5）子どもへのかかわりを意識的に行おう

このような保護者支援の間も，忘れてはならないことが「子どもへのかかわり」です。子どもは，親や大切な存在から向き合ってもらえないことが続くと，自分という存在を肯定できなくなります。

園の中では，できるだけたくさんの先生方が子どもに声をかけましょう。子どもの名前を呼び，目が合えば笑顔でうなずきましょう。スキンシップを図り，できていること，がんばって

いることを認めてあげましょう。一緒に笑顔になることが，子どもの心を守ることにつながります。

3　クレームをつける親

▶▶かかわりの *Point*

- ●「クレーム」ではなく「意見」としてとらえよう
- ●クレームの背後にある保護者の気持ちを理解しよう
- ●ひとりで抱えずに，チームで考え，対応しよう

　保護者が，保育者の言葉を感情的に否定したり，強い口調で主張したりすると，保育者は「保護者から文句を言われた」「クレームをつけられた」と感じてしまうことがあります。

　一方，保護者は子育ての中で心が揺れて，不安や焦りを感じていることがあります。子どもに起きた出来事を，揺れる感情の中で考えるとき，園や保育者への気持ちや考えが「クレーム」となってしまうことがあるでしょう。

　保育者は，こうした保護者の心の状態を知りながら，「クレーム」として向き合うのではなく，まずは「意見」「報告」「相談」として話に耳を傾けることが大切です。

（1）基本的なかかわりの考え方

a）心を込めて聴く

　保護者のクレームに対して，まず大切にしたいのが「誠実に向き合う」ことです。事柄だけではなく，保護者の不安や不満，戸惑いなど，気持ちを受け止めながら，ていねいに聴きます。

　保護者は，我が子について語るときには「感情」をともないながら語ります。「感情」に対して，やってはいけないことは「正論」で向き合うことです。保護者の言葉に対して，「それは違います！」と説明したくなるときも，まずは，保護者のとらえ方や感じ方を理解できるよう，ていねいに聴きましょう。

　私たちは，自分の気持ちに寄り添い，自分の気持ちや考えを理解してくれた人の意見には，心を開き，耳を傾けることができます。保護者も自分の訴えを保育者が理解してくれたと感じることができたとき，初めて保育者の言葉に耳を傾けることが可能になるのです。そのため，まずは受容的な態度で，ていねいに話を聴くことが大切になります。

b）面談のもち方

　面談を設定するとき，面談の目的は「関係づくり」と心がけましょう。解決や説得を目指すのではなく，「今日は，先生と話ができてよかったな」と保護者が感じられるよう，関係づく

りを目的にします。

　また，「時間の枠」を設定することも大切です。たとえば「16時にお待ちしています」とスタートの時間だけを伝えるのではなく，「16時から17時まで時間をお取りしておきます」などと伝えます。時間の枠が明確だと，話の寄り道が少なくなります。一見，できるだけ長く話を聴くことが誠実であるように誤解しがちですが，時間の枠がないと，つい余計なことを話し過ぎてしまいます。保育者は「話を聴いている」つもりでも，保護者側は「言わされた」という気持ちになることさえあるのです。時間の枠を決め，守ることは，保育者と保護者の関係性，ほどよい距離感を守ることにもつながります。

　もうひとつ大切なことは，「プラス1で会う」ということです。保護者の人数プラス1人の保育者で対応をしましょう。お母さん1人で来室する場合は，2人の保育者で対応し，お父さんとお母さん2人で来室する場合は3人の保育者で対応します。プラス1で対応すると，感情的なぶつかり合いになりにくく，保護者は大切に向き合ってもらえていると感じやすいと考えられています。

c) 事実を確認し，「今できること」を伝えよう

　保護者の話や気持ちを聴き，保護者に「先生方にわかってもらえた」と感じていただけた後は，「事実」や「保育者がどのようにとらえていたか」を伝えましょう。そのときの園での様子，それに至った出来事，その後のフォロー，保育者のとらえ方や思いなどを，保護者の気持ちに配慮しながら伝えます。

　そして「今，できること」を伝えましょう。無理なことではなく，保育者のできる範囲で，具体的に提示できるとよいでしょう。

d) 感謝とお詫び

　面談の最後には，保護者が気持ちを話してくださったことへの感謝を伝えましょう。必要があれば「ご心配をおかけして申し訳ありませんでした」などのお詫びを伝えることも大切です。心に反することは言わないほうがよいですが，お互いの思いを理解し合えたことを大切にすることは，明日からの関係性につながっていきます。

（2）クレームの背景にあるものと対応のポイント

a) 不満や不安

　園に寄せられるクレームの中には，それまでの不満や不安の積み重なりが今回のクレームに至っていることがあります。たとえば，心配性な保護者の場合，自宅で子どもの腕に，ひっかかれたような小さな傷を見つけて「この傷はどこでついたのかしら？」と考え始めると，「先生は気づいていたのかしら？」「なぜ何も言ってくれないんだろう？」と思いをめぐらし，次第に不満や不安につながり，次に何かがあったときはクレームとなることがあるのです。

　積み重なった不満や不安がクレームになったときに大切なことは，まずは保護者の不満や不安の気持ちをていねいに受け止めることです。そして心配をかけたこと，十分に説明できな

第4章　●　保護者にかかわる保育カウンセリング

かったことをお詫びしつつ，十分に気持ちを受け止めたあとは話の方向を「今，子どもに大切なこと（必要なこと）」に向けて，話し合うことです。そして，保護者の気持ちを受け止め，「担任として，このようにお子さんに声かけをしていきます」などと，できる対応を具体的に伝えていくとよいでしょう。

b）こだわり

　こだわりの強さから「～してほしい」「～してくれないと困る」という主張を繰り返す保護者もいます。このような保護者は，クレームを言っているという意識ではなく，自分の考えを保育者に「わかってもらい」「安心したい」という気持ちが強いのです。そのため，保育者がていねいに保護者の気持ちや考えを聴き，理解を示すことが，保護者の安心につながります。

　さらに，子どものために，保護者のこだわりを柔軟にしてほしいときは，具体的な提案をすると，保護者は自分の気持ちに折り合いをつけやすくなることがあります。保護者の気持ちを理解し受容しながらも，子どものために良い方法を一緒に考えていくことが大切です。

会 話 例

> 保護者「ばい菌が心配なので泥遊びはさせてないでください」
> 保育者「ばい菌，心配ですよね。ばい菌から守りながらも，泥遊びは，子どもの情緒や脳の発達に良いといわれているので，少しでも体験できる方法があるといいですね。直接手で触るのではなく，スコップで泥をすくう遊びはどうでしょうか？」

c）不当なクレーム

　クレームの中には，ていねいに話を聴き話し合うことで解決されるものもありますが，解決が難しいケースもあります。「言ったもの勝ち」のような意識で不当な要求をする保護者もいるかもしれません。

　園（保育者）で，できない対応を求められたときには，ていねいに理由を伝え断りましょう。すぐに答えるのではなく「園内で検討してからお答えします」といったん保留にしたあと，返事するのも一案です。

　しかし，不当な要求をされ続け，クレームの度合いが悪化するときには，閉鎖的な関係の中で対応し続けないことが大切になります。実際の事例では，園の玄関に設置してある掲示板やお便りに「保護者のご意見」としてオープンにしたことで，（他の保護者からの客観的な意見や擁護の声も出始めて）解消したケースもあります。また，外部のカウンセラーや弁護士など，第三者が立ち会う中で話し合うことで落ち着いたケースもあります。

　保護者から寄せられる苦情や意見の多くは，保育者の落ち度を指摘するものではありません。園を信頼しているからこそ，よりよい保育を共有したい思いが強いからこそ強い言葉で伝えてしまう保護者も多くいます。

　まずは，クレームを言う保護者への対応に意識が向き，肝心の子どもが置き去りにならない

ように気をつけましょう。また，子どものためにも，保育者の心が元気であることが大切です。保育者の言葉を受け止め過ぎず，心が疲弊しないように，チームで考え対応できるように心がけたいものです。

> ある朝，保護者Aさんが「先生！　今朝『保育園に行きたくない，ニンジン嫌い』と子どもが泣いたのですよ。昨日の給食で，無理やり食べさせたそうですね。どうしてくれるんですか？」と激しい口調で訴えてきました。昨日は「ニンジン，一口だけ挑戦してみようか？」と先生がニンジンを子どもの口に入れた経緯があります。
> このようなとき，あなたが保育者だったら，どのように保護者の気持ちを受け止め，対応しますか？　具体的に言葉をかけてみてください。4人一組のグループで発表し合った後，よりよい対応をグループで考察しましょう。グループ全体で10分です。

4　依存的な親

▶▶かかわりの Point

> ● 保護者が依存的にならない土台をつくろう
> ● 子どもの成長を一緒に喜び，親としての自覚や自信を育もう
> ● 依存せざるを得ないケースは，専門機関につなごう

　近年，保育の低年齢化と長時間化が進み，園（保育者）に依存する親の増加が指摘されています。子どもが親と一緒に過ごす時間よりも，園で保育者と一緒に過ごす時間が長いことから，しつけを保育者に頼り切っている保護者もいます。さらに，保護者の親としての自覚が薄れ，親の役割を見失ってしまうこともあります。

（1）「ともに子どもを育てる」という意識を共有しよう

　特に，初めて園に子どもを通わせる保護者は，そもそも園が子どもにどのようなかかわりをしてくれるのか，どこまでお願いしてよいのか，親である自分の思いや考えをどのくらい伝えてもよいのか，わからずにいる場合があります。「日中子どもと過ごしているのは園なのだから，しつけは先生がしてくれる」と認識していることも少ないようです。すると次第に，保育者に「任せきり」「依存的」になってしまいます。

　そのため，入園時（入園前）から，保護者は子どもを保育者と「ともに育てる」意識をもて

るよう十分に話し合うことが必要です。つまり，保護者を依存的にしないためには，その土台をつくることが大切です。「ともに育てる」とはどういうことなのか，そのためにどのように連携していくのか，しっかりと理解と共有をしておくことが大切になるでしょう。

　連絡帳の意味を誤解している場合もあります。「連絡帳は『子どもへの評価』『注意』『親への注文』が記録されているので気が重い」と語る保護者もいます。連絡帳は，子どもの生活や成長過程を共有するためのもの，一緒に感じ喜び合い，ともに育てていくためのものであることを，保育者の生きた言葉で伝えることが大切です。

（2）「保護者が主体」をサポートする

　しかし，すでに保育者に依存的な親がいるとしたら，保育者は自身の「保護者へのかかわり方」をチェックしてみることが必要です。

　最近の保護者へのかかわりは，どのようだったでしょうか？　子どもの気持ちを思うばかりに，気がつくと，保護者にお願いばかりしていなかったでしょうか？　子どもに必要なことや大切なことを保護者よりも先に気づくとき，つい保育者主体の保育になってはいなかったでしょうか？

　保護者支援とは，保育者が保護者の代わりに保育をすることではありません。保育者が保育の専門家として保護者とかかわることで，保護者が子どもの成長や保育について喜びを感じながら育てていけるようになる，そのプロセスを支援することです。そのため，保護者主体で子育てをすること，保護者の思いや判断を尊重すること，そのうえで子どもにとって大切なこと，必要なことを一緒に話し合うことができるとよいでしょう。

　このようなことは，頭でわかっていても，子どもの生活や気持ちを肌で感じ取っている保育者にとっては，もどかしさや葛藤につながることもあるでしょう。そのため，子どもへの思いは大切にしながらも感情的にはならず，冷静に子どもと保護者の関係性を見守る専門職としての視点を忘れずにいましょう。

（3）親としての自覚と自信を育てるかかわり

　園や保育者に依存的な保護者は，依存していることに気づいていないことも多くあります。依存的な保護者の中には「しつけや子どもの世話は保育者がしてくれるもの」と思い込んでいたり，「園の先生方が，すでにいろいろとやってくださっているから，このままでいい」「どのように子どもにしてあげたらよいかわからないから，専門家に任せよう」と感じている親もいるでしょう。

a）話を聴く

　親としての自覚や自信を育てるための第一歩は「保護者の話を聴く」ことです。状況，子どもへの思い，考えなどを受容的な態度で聴きます。依存の背景にあるものが，「認識のずれ（園にどこまでお願いしてよいのか等）」なのか，「忙しさ」や「子どもへのかかわり方がわか

らない」「親自身が問題を抱えている」のかなど，理解しながら聴くことが大切です。また，子どもの話をすることは「親である自分」を再認識する機会にもなります。

b) 悩みや不安は，共有するスタンスで

もしも，保護者が子育てについて悩みや不安を感じていたら「同じ悩みを共有する」というスタンスで臨みましょう。「悩む人（保護者）と解決する人（保育者）」という関係性ではなく，共感しながら一緒に悩み一緒に考えるという関係性です。

会 話 例

> 保護者「うちの子，言葉が遅いような気がして。同じ年のケンタくんは，もうあんなにおしゃべりしているのに。どうしたらいいですかね？」
>
> 保育者「言葉が早いお子さんを見ると，不安になってしまいますよね。どうしたらいいかなぁって，考えてしまいますね。今，ご両親や私たちができることを一緒に考えていきましょう」

c) 子どもへの「理解」をサポートする

保護者にとって，子どもの成長は喜びです。そうした気持ちが，親としての自覚や自信につながります。

たとえば，子どもが嘘をつく，ケンカをする，反抗をするなど，一見ネガティブに感じてしまう行動も，発達の視点からとらえると「成長の証」です。成長が見られるときこそ，規範や価値観などを形成するチャンスであり，子どもの心を育てるチャンスです。

「子どもが嘘をついた＝悪いことをした」というとらえ方ではなく，子どもの行動の意味，出来事の意味を保育者が保護者に伝え共有することで，子どもの成長を感じ，向き合うことにつながります。また，こうした共有は保護者と保育者の信頼関係を築き，ともに保育をする意識にもつながります。

d) アドバイスのコツ

「保護者主体の子育て」とはいえ，子どもの安全や健康にかかわることで，保育者が保護者にアドバイスをすることが必要になることもあるでしょう。

保育者が保護者にアドバイスをするときには，二つのコツがあります。

ひとつは，「相手ができることをアドバイスする」ことです。保育者が「こうしてほしい」と思うことをアドバイスするのではなく，保護者の話を聴いたうえで，保護者が「できること・やりたいと思いそうなこと」という視点でアドバイスを考えます。保護者が「それだったらできそう！」「やってみたい！」と思うことができると，行動につながりやすくなります。

二つ目は，「言いっぱなしにしない」ということです。「〜してみてください」「こんなふうにやってみるのは，どうでしょう？」などとアドバイスをしたあとは，それで終わらせずに「いかがでしょうか？」と保護者の気持ちを聴きます。

アドバイスを受けて，保護者がどのように感じているかを確認し，共有するのです。もし「ちょっと難しそうだな」という気持ちであれば，「できそうなこと」を一緒に考えます。アドバイスを言いっぱなしにせず，保護者の気持ちを受け止め，共有することが行動につながりやすくなります。

e) 肯定的なフィードバックをする

子どものがんばっていること，よいところ，できるようになったことを，ぜひ保護者に伝えましょう。また，保護者の子どもへのかかわり方において，よいところ，子どもが喜んでいるところも保護者にフィードバックできるとよいでしょう。

保護者は，親としての自分を理解してくれる人がいないとき，味方になってくれる人がいないとき，孤独になり，親としての自分に自信を失い，子どもからも心が離れてしまうことがあります。

子どもは「正しく育てる」のではなく「楽しく育てる」ことを共有し，保育者が肯定的な視点で子ども，保護者，子ども-保護者の関係性を見守ることが，保護者の親としての自覚や自信を育むサポートにつながるでしょう。

（4）保護者に長期的なサポートが必要なとき

一方，依存的な保護者の中には「依存せざるを得ない親」もいます。たとえば，保護者自身が精神疾患を抱えている，経済的な問題や深刻な家族の問題を抱えている，子どもが障がいを抱えているなどの場合は，他者のサポートが必要になることがあるでしょう。

このような保護者に対して，園や保育者は「抱え過ぎない」ことが大切になります。「保護者主体の子育て」が困難であると判断したときは，専門機関に相談しましょう。こうした問題は長期化することもあります。子どものためにも，保護者のためにも，長期的に安心して頼れる場所や人とつなぎましょう。

■参考・引用文献

Biestek, F. P.（1957）. *The Casework Relationship*. Chicago: Loyola University Press. 尾崎新・福田俊子・原田和幸（訳）（1965）. ケースワークの原則──援助関係を形成する技法. 誠信書房.

深谷昌志（2002）. 育児不安の構造──子育て支援の基盤として. 子ども社会研究，8（8），128-136.

厚生労働省（編）（2008）. 保育所保育指針解説書. フレーベル館.

牧野カツコ（1982）. 乳幼児をもつ母親の生活と〈育児不安〉. 家庭教育研究所紀要，3，34-56.

大竹直子（2014）. やさしく学べる保育カウンセリング. 金子書房.

住田正樹・溝田めぐみ（2000）. 母親の育児不安と育児サークル. 九州大学大学院教育学研究紀要，3，23-43.

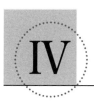

親と子の関係性を支援する
── 子育て支援

▶▶かかわりの **Point**

● 保護者の困り感に寄り添おう

● 子どものこころに目を向けるよう誘おう

● アドバイス以外の支援に着目しよう

1　多様性時代の子育て

　私たちは従来，親や社会から体得したものを「育てられる者」から「育てる者」へと移行してきました。しかし，女性の社会進出など「働き方」の変化が，家族の在り方，生き方を変化させ，少子化（晩婚化）・核家族化・個人主義の強まりなどで，世代間リサイクルが難しくなってきていると言えます。

　子育て世代の保護者にとって，家事や育児をサポートしてくれる人を得ることは難しく，相談相手は育児本，私だけがうまくできていないと自己評価を下げるなど，孤立状態での子育てになり，不安をつのらせる方も少なくありません。

　保育現場では，保護者のライフスタイル（家庭における役割の変化）や，子育てに関する考え方・生き方（個人主義の教育など）から，保護者との関係づくり，保護者への支援内容も大きく変化し，保育者が困惑することも多くなっています。

　保護者や保育者を取り巻く社会・文化的背景が大きく変化してきたことや，政府の子育て支援事業，地域施設としての園の開放や子育て相談の実施など，保育現場に求められていることも念頭に置き，子育て支援の担い手として保護者や子どもたちにかかわっていくことが必要です。

2　グチや不安をこぼせる相手になろう

　年少児ケンちゃんは，お友だちのおもちゃを貸してと言わずに乱暴に取ったり，押しのけたりするため，困った母親は保育者に相談されます。このようなとき保育者は，なんとかしてあげたい思いから，いきなり「こうすればいいですよ」と助言をしてしまうことがあります。

　しかし保護者の中には，困って保育者に相談されても「ああだ，こうだと言われるのは好きではない」，また一方的に「こうすればいい」と言われると押しつけがましさを感じてしまう

方もおられます。

　まずは，「それは大変ですね」「がんばってかかわっておられますね」など，これまでの保護者の大変さや努力を理解し，ねぎらうことから始めます。そして，自分の思いどおりにならない，どうもうまくいかない，子どもの対応だけで一日が終わり自分の時間がないなど，漠然とした保護者の思いや大変さを共有しながら，保育者がもつ「こうすれば」というかかわりの手立ての中で，保護者ができそうなかかわり方を提案してみます。

　さらに，表面に見えている子どもへの困り感だけでなく，私だけができていないのでは，という疎外感や不安感にも着目してかかわることを心がけます。

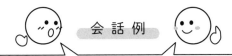

会　話　例

保護者「他の子は貸してと言えるのに，すぐ手が出て友だちのおもちゃを取ってしまいます。いつも『お友だちに貸してと言ってから』と言い聞かせているのに」
保育者「貸してと言おうね，としっかり伝えておられるじゃないですか。でも，手が出るのは困るし，周りの目も気になるし……，ん〜たとえば，お母さんがケンちゃん役で，『貸して』と言ってお手本を見せる，親子で貸し借りの練習をしてみるのはどうですか」
保護者「躾ができていないと思われるのはつらいので，やってみようかな」

3　子どもの気持ちに気づける手助けをしましょう

　保護者は，子どもの「行動」が思いどおりにいかないと，つい自分の困り感にだけ目が行きがちになり，その背後で，子どもがいったいどのような気持ちでいるのか，どんな体験をしているのかに意識が向かないことがあります。

　保護者の大変さや困り感をともに味わい，どうしたらいいか考えながら，保護者が子どもの気持ちに気づき，かかわりを修正したり，今まで問題と感じていたことが，それほどでもないことだと思えたり，子どもの思いを感じとり，それを受け止めていくという子育ての基本に立ち返れるよう手助けします。

声かけ例

保育者「こんなとき，ケンちゃんはどんな気持ちなのかな？　『言えない，また叱られる』，ケンちゃんも困っているかもしれませんね」

4 多様な支援を意識しましょう

　子育て支援に関わる人々の役割あるいは機能として，次のことが求められます。①表面的な言動の背景にある保護者の等身大の思い，感情，内的葛藤に寄り添い，応答していく（応答能力），ときには「並び合う関係」の中で保護者の思いを聴き取り，応答することを通じて，保護者が我が子に対する「応答能力」を回復していけるように援助すること。②保護者が「つながっている」と感じられる関係性（精神的な絆）を築いていくことを通じて，被養育体験によってつくられた，否定的な親イメージを修正していく体験を保障すること。③保護者が安心感や安全感（保護者の安全基地），「自分は守られている」という感覚をもてるようにサポートすることを通じて，我が子をホールディング（抱っこ）してやれる力を保護者が取り戻せるよう援助すること。

　保護者の苦慮されていることはさまざまで，支援の仕方も千差万別です。子育て支援にかかわる人々に求められる役割を意識しながら，具体的なアドバイスだけでなく，たとえば，園庭開放などで，子どもそっちのけで親同士が会話に夢中になっていても，「こんなときくらい育児ストレスから解放されたいよね」と見るゆとりや，危険なときや保育者が目を離さないといけないときは，「危なくないよう見てあげてくださいね」と，さりげなく声かけするなど，親が子どもの「世話」ではなく，子どもと「遊ぶ」楽しさに気づいていく支援も大切です。

　いざとなったら相談できる相手がいる，大変さを理解してくれる人がいる，といった保育者の存在が保護者への大きな支えになります。そのためにも保育者は，何より自分を支えることを忘れてはいけません。常に，自分自身の心身の状態を客観的に把握し，ケアを怠らないように心がけましょう。保育者の笑顔やゆとりのある対応が，より良い子育て支援につながると考えます。

■**参考・引用文献**

楠　凡之（2018）．困難な課題を抱えた保護者への理解と支援．日本臨床発達心理士会資格更新研修会（2月4日）．

諸富祥彦・冨田久枝（編）（2015）．保育現場で使えるカウンセリング・テクニック——保護者支援，先生のチームワーク編．ぎょうせい．

大倉得史（2018）．子育てに不安や困難を感じている保護者への支援．日本臨床発達心理士会資格更新研修会（2月4日）．

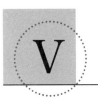

発達障がいの子どもを抱える保護者へのかかわり

▶▶かかわりの*Point*

● 「できていること・あたりまえに見えること」に目を向ける大事さを伝えよう

● 自分の考えはいったん飲み込み，まずは親の思いに耳を傾けよう

● 発達障がいの基礎知識をもとに「一緒に考える」姿勢でかかわろう

　私はかつて教育センターの相談担当として，発達障がいの診断のある子，あるいは障がいの可能性のある子を前に，「我が子にどのようにかかわったらよいのかわからない」と悩む保護者に多く出会ってきました。当時を振り返り，そうした保護者にうまくかかわることができたかといえば，「できた」と言い切ることはできません。ただ，なかには，担当業務を外れた後も「先生，うちの子は今，○○の仕事をがんばっています」等の報告を定期的にしてくださる保護者の方もいました。そのときには「少しは役に立てたかな」と，相談担当としての自分のかかわり方に自信をもてたことを振り返っています。

　当時かかわった保護者の笑顔，涙を思い出しながら，「かかわりのポイント」としてまとめたものが上記3点です。以下，そのポイントを具体的に述べます。

1 「リソース（資源・財産）」探しの達人になる

　保育者としてはもちろん，保護者にもぜひ，子どもの「リソース」（その子の「良さ」「資質」）を探す達人になってほしいと思います。保護者の中には「うちの子はあれもできない，これもできない」と，「できない」ことを訴え続ける方がいます。そのようなときには，保護者がそう言わざるを得ない，つらさを訴えざるを得ない等の心的状況にあることを受け止めた後に，「ところで，A君は保育園には毎日行っていますか？」等の問いかけをしてみるのもよいでしょう。たとえば，「保育園が好きで休まず行っています」という答えが保護者から返ってきたならば，「保育園が好きということは，友だちと一緒のさまざまな活動が楽しいのでしょうね」と伝え返すとよいでしょう。

　保護者の中には，子どもの「リソース」を「すごいこと」「秀でたこと」のようにとらえる方がいます。それらがあるに越したことはありませんが，それらはすべての子どもがもつ「資産・財産」ではありません。「保育園に行く，朝ご飯を食べる，あいさつをする，元気がある，好きなことがある」等々，「すでにできていること，あたりまえのように見えること」も子どもが手にしている大切なリソースであることを心に留め置きたいものです。「うちの子に

はこんなにもリソースがある」……そう思うだけで，保護者は元気になります。

　「あれもない，これもない」ではなく，「あれもある，これもある」と，保護者が笑顔で子どもを見つめるようになる……そのような働きかけを日々行っていきたいものです。また，私たちが子どもにあてる「リソース探しの物差し」はそれほど長くはありません。そこで，「他の人の物差しを見せてもらう」こともお薦めです（具体的には次の会話例にて）。

会 話 例

保護者「いくら探しても私にはＡの良いところが見つかりません。だめなところばかり見えてしまいます。どうすればよいでしょうか？」

保育者「Ａ君は大好きなお母さんに，ワガママを出しやすいのかもしれませんね。園では『○○』『◎◎』など，Ａ君の良いところがたっぷり見えます。おじいちゃん，おばあちゃんにも，Ａ君は良い姿を見せているのではないでしょうか？　今度，おふたりにたずねてみてください。お母さんが初めて耳にするＡ君の良さがあるかもしれませんよ」

2　「あの人がうなずくだけで出る勇気」を胸に，保護者に向き合う

　私は若いころ，保護者の悩み相談を受けるたび，「役に立ちたい」という思いの強さから，「こうするといいですよ」等の助言をすることが多かったと思います。そうした助言により，「先生のおかげで悩みが消えました」等のお礼の言葉をいただくと有用感に満たされ，自己満足に浸っていた私がいたように思います。このような助言は効果的に見えて，時として保護者の依存を強めるリスクもあります。

　実際，保護者の中には「どうしたらいいでしょうか？」と悩みに対する答えを求める頻度が増え，私への依存が強まったと感じられるケースが出てしまいました。「どうすれば，よりよい保護者支援ができるのか」と悩んでいた当時の私が，ある講演の中で出会い，新たな気づきを得たのが，「あの人がうなずくだけで出る勇気」という言葉です。誰かに悩みを話し，「それはつらかったね」と共感し，うなずいてもらうだけで「気持ちが楽になった」という経験は，多かれ少なかれ誰にでもあるのではないでしょうか。

　「あの人が……」の言葉の効力を強く感じたのは，教育センターの相談担当だったときです。当時私は，発達障がいの診断を受けた娘さんの教育相談として，月に１回，保護者の話を聴いていました。私が心がけていたのは，とにかくていねいに保護者の話を聴くということのみでした。そのような相談を続けた半年後，その保護者から「先生はいつも私の話をていねいに，何ひとつ考えを否定することなく聴いてくださった。それが何よりも嬉しかった」という文面の葉書をいただきました。私はこの葉書を前にしたとき，話を聴くことの大切さにあらた

めて触れるとともに，私の相談に関する軸足が定まったようにも感じました。

　皆さんは，保護者からの相談を受けるとき，うなずきの多い自分がいますか？　それともうなずきの少ない自分がいますか？　保護者が我が子の障がいについて受容するにも，障がいから派生する各種の問題を受け止め，気持ちを前に向けていくにも，「うなずいて話を聴いてくれる人」が必要です。私も，皆さんも保護者の話を聴く人のひとりになりませんか。

3　「一緒に考えましょう」の言葉で，保護者と「手をつなぐ」

　ある保護者の方が「残念でつらい体験」を話してくださいました。その方のお子さんは知的な遅れのない ASD（自閉症スペクトラム障害）の診断を受けていましたが，小学校6年間は担任の先生を中心に障がい理解にもとづく配慮ある指導・支援を受け，笑顔の絶えない学校生活だったそうです。しかし，中学校入学前に，校長先生にあいさつにうかがったところ，「お子さんは自閉症ということですが，他の生徒に危害を加えたらどうしますか？」と心ない言葉をかけられ，一気に学校不信が芽生えてしまったとのこと。このような校長のもとでは，小学校のような校内支援体制は望むべくもなく，結局お子さんは中1の半ばから不登校に陥ってしまったと涙ながらに話されました。そして，私の胸に深く刻まれたのは，「『一緒に考えましょう』と言ってほしい。その一言で親は先生方を信じることができる」という言葉でした。

　発達障がいのある子どもが笑顔で日々を過ごすには，保育者と保護者が互いの思いをすり合わせ「手をつなぐ」必要があります。時には，互いの思いがぶつかり合うこともあります。その際，互いが「敵」ではなく「子どものサポーター」となるために，「一緒に考えましょう」と言葉をかけていく……。発達障がいの子どもを抱え，日々子育てに奮闘している保護者が多くいます。そうした保護者がフッと肩の力を抜き，「この先生なら」と信頼を寄せるきっかけになる言葉が，「一緒に考えましょう」の一言。私も，皆さんも教育のプロ・保育のプロとして，この一言を大事にしていきませんか。

ASD の子どもに「やるべきこと」「やってはいけないこと」として何が考えられますか？
①個人でワークシートに記入。（2分）
②3，4人のグループで確認。（3分）
　＊発達障がいの理解・支援の基本は園全体で確認しておきましょう。

■参考・引用文献
曽山和彦（2014）．教室でできる特別支援教育——子どもに学んだ「王道」ステップ　ワン・ツー・スリー．
　文溪堂．

VI　精神疾患を抱える保護者へのかかわり

▶▶かかわりの*Point*

● 親が安心できるよう「子どものいいところ」を伝えよう
● 精神疾患を抱える保護者の話を聴き過ぎないようにしよう
● ひとりで抱えず，チームで考えかかわろう

1　精神疾患への理解

　近年，我が国では精神疾患を抱える人は320万人を超えるといわれています。保護者の中にも，精神的な疾患や不調を抱えている方がいるかもしれません。

　精神症状には，不安が強くなる，感情のコントロールが難しい，妄想，幻聴・幻覚，意欲の低下，不眠（寝すぎる），気分の落ち込み，誇大妄想，焦燥感などがあります。またそのため，他人との接触を拒否する，周囲を振り回す，依存的，約束が守れない，待てない，かんしゃくを起こしやすいなどの行動につながることもあります。

　精神疾患であると決めつけたり，特別視したりすることには気をつけなければなりませんが，症状に気づき，理解と配慮を心がけ，かかわることができるとよいでしょう。

2　親の安定が，子どもの心の安定につながる

　ヒロシくんのお母さんは慢性的なうつ病です。ヒロシくんは，体調の悪いお母さんと過ごす家では「いい子」にしていますが，保育園では，物を壊したり，お友だちを叩いたり，先生に暴言を吐いたりします。

　このようなとき，保育者は困って，保護者に保育園でのヒロシくんの様子を伝え，一緒に考えていただきたいと思うかもしれません。しかし，保護者が精神疾患を抱えている場合，このような話し合いはかえって状況を悪化させてしまうことがあります。心にエネルギーがなく思考や感情が不安定なときには，保護者は，子どもの状況や気持ちを抱えきれず，感情的になるなど，さらに心が不安定になることが予測されるからです。

　親の心の状態は，そのまま子どもに伝わります。子どもが不安定なときほど，保護者の心の安定を大切にできるとよいでしょう。そのために，まずは積極的に「子どものよいところ」「がんばっていること」「できるようになったこと」などを伝えましょう。もしも話し合いが必

要なときは，病を抱えていない別の家族と話せるとよいでしょう。その場合は，病気を抱えている保護者が疎外感を感じることのないよう配慮ができるとよいでしょう。

　また，子どもにも理解と配慮が必要です。親や家庭が不安定な状況が続くと，子どもの心は取り残され，不安や混乱の中で過ごすことが起こり得ます。特に，親の病気について説明されないでいる場合，自分を責めてしまう場合もあるでしょう。親は病気であること，あなた（子ども）が悪いわけではないこと，親も悪いわけではないことを，子どもに理解できる言葉で，ていねいに伝え，子どもの気持ちを聴き，心に寄り添うことが大切です。

　子どもには，子どもらしく過ごせる時間と場所が不可欠です。親の心が不調なときほど，保育者は子どもとのコミュニケーションを大切にしたいものです。安定・安心した人間関係と環境を確保することが，子どもの心を支えます。

3　ほどよい距離感を保つ

　精神疾患を抱えた保護者の中には，不安や依存心が強くなり，頻繁に保育園や特定の保育者に連絡をしてくることがあります。このようなとき，「ほどよい距離感を保つこと」を心がけることが必要になります。個人的な連絡先を教えるなどは控えたいものです。

　また，「話を聴き過ぎない」ようにしましょう。「14時から14時30分までの間は，電話に出ることができます」など話ができる時間をあらかじめ提示したり，面談を希望されたときにも「10時から11時まで時間がありますのでお待ちしております」など「時間の枠」を明確にするとよいでしょう。また，子どもがかかわらない話や保護者が長年抱えている課題や悩みは，適度な距離感を保つために，保育者は聴かないほうがよいと考えられます。状況に応じて，外部の相談機関を紹介することも必要です。

会話例

> 保護者「夜になるとつらくなって……，３分だけでも先生と電話で話ができたら落ち着くと思うのです。先生の携帯電話の番号を教えていただけますか？」
> 保育者「夜がおつらいのですね。夜の時間，私は家のことで忙しくゆっくり話せないので，昼間，お話しできればと思います。14時から14時30分までの間は電話に出ることができます。園にお電話くださいね。夜につらくなること，それが続くとお母さんもしんどいですね。そういうとき，どうしたらいいか，専門の先生にアドバイスがもらえるといいな，と思います。お母さんが少しでも気持ちが楽になる方法を考えていきましょう」

　一方，体調や気分が優れないことから，保育者とのかかわりを避ける保護者もいます。保育者も，精神疾患を抱える保護者へのかかわり方に戸惑い，距離をとり過ぎてしまう場合もあるかもしれません。しかし，保護者との関係づくりは大切です。そのために，おすすめは「返事

をしなくても済む声がけ」をすることです。

　たとえば、「今日はお天気がよいですね」「門の横に、お花が咲きました。よかったら見てくださいね」「今日、タロウくん、私のお手伝いをしてくれましたよ。嬉しかったです」などです。精神疾患を抱えている保護者は、自分から話しかけるエネルギーはないけれど、自分だけ声をかけてもらえないと、不安になったり気持ちが落ち込んだりすることがあります。励ましたり、要求したりすることは避けたほうがよいですが、他の保護者に話しかけるのと同じように、声がけはしたいものです。

4　ひとりで抱えず、チームでかかわる

　大切なことは「保育者自身が無理をしない」ことです。「子どものためにも、私がお母さんを支えなくては」「私を頼ってくれるから、私ができることはしてあげよう」とがんばりすぎたり、ひとりで抱え込んだりしないようにしましょう。

　保護者が精神疾患を抱え、感情が安定していないときには、保育者は相手の気持ちや状況に巻き込まれやすくなってしまいます。そうならないためにも、ひとりで抱え込まず、チームで考え、かかわることが大切です。保育者同士で話し合うことは、保育者の気持ちの整理や状況の客観的な把握につながり、冷静さを保つことを可能にします。

 演習問題

> 　精神疾患の保護者とその子どもに対して、保育者はどのようにかかわり、サポートすることが大切でしょうか？　具体的なポイントについて、①ワークシートに書いて、②4人一組で、③1人3分ずつ話してください。④グループで最もよい方法について5分話し合ってください。その後で、全体でディスカッションをします。

■参考・引用文献
大竹直子（2014）．やさしく学べる保育カウンセリング．金子書房．

VII 地域のネットワークにつなぐ

1 保護者の不安を抱え込む支援の危険性

　20世紀後半に少子化社会に突入して以降，育児ノイローゼ，待機児童問題などを筆頭とする保護者の子育て不安への問題は増加の一途をたどり，一国の将来をも揺るがす深刻な現状にあります。1990年代以降，育児期の家族を支える仕組みづくりに，我が国の政府も対策を講じてきました。そのひとつとして注目されているのが，育児期家族にとって身近な地域資源である，保育所や幼稚園をはじめとする公的保育施設の存在です。

　従来保育者は「子どもの保育の専門家」でしたが，このような背景を受けて，保育者の新たな役割として「保護者の子育てに関する指導を行う役割」が追記されました（「保育所保育指針［平成20年版］」から）。

　我が国では，保育者が「保護者の子育てに関する指導」を行うにあたり，前章までに記されてきた「保育カウンセリング」という手法，すなわち，カウンセリング・マインドに立った保護者指導（支援）がその基本的姿勢としてあげられています。

　保護者の不安に寄り添い，悩みなどを受け止め，情報を共有し，最後には保護者の子育てに関する自己決定を尊重する姿勢です。ただ，数年来保育者は，このように保護者の不安に寄り添う姿勢を大切にしてきたため，園内で悩みを解決しようと熱心に取り組みすぎる傾向が散見されます。保護者の不安や悩みを保育者だけで「抱え込む」ことで，かえって状況が悪化することも少なくないのです。

　わかりやすい事例で，抱え込みの危険性に気づいてみましょう。

　たとえば，軽度の発達障がいを疑われる2歳児のお子さんをもつ保護者から，保育所入所当初こんな相談を受けることがあります。

会　話　例

A保護者「うちの子どもは，小さいころからお友だちづくりが下手で，いつも一人遊びで
　す。みんなで一緒に絵本を見る機会にも，うろうろすることが多くて……。私の育て方が
　悪いのでしょうか。同じ年のお子さんをもつお母さんから，なんとなく冷たい視線を感じ
　てしまうんです」
B保育者「（安心させるつもりで）お母さん，大丈夫心配しないで。どんな子どもも，保育
　園入所当時は人見知りは強いし，友だちと遊ぶことができないものよ。保育園はそんなお
　子さんばかりだから，私たちに任せてください」→（保育者が陥りやすい抱え込み）

　B保育者は，保護者の不安に寄り添うほどに，なんとかして相手を安心させようと解決を急
ぐことがあります。軽度でも発達障がいが疑われるとき，あるいはそうでないときでも，「私
に任せて！」と対応をまるごと引き受けてしまいがちです。保育者ひとりで「なんとかしよ
う」と思うあまりに，問題を抱え込んでしまう危険が潜んでいることを忘れてはなりません。
　保育者は，不安を解決するスーパーマンではありません。保護者の不安に寄り添いながら，
子育ての協働者であることを伝えていきましょう。

2　地域の子育て支援ネットワークに目を向けよう

　先日，幼稚園教諭として13年務めている私の教え子Cさんが研究室に訪ねてきて，「担任を
している子どもの発達相談に対応するのがとても難しい」と愚痴をこぼしました。どのように
相談に乗っているのかたずねると，やはり園内だけでチームを組んで対応していて，専門的な
限界を感じるとのことでした。Cさんたちの園では，地域の子育て支援ネットワークを利用し
ている経緯もなく，地域資源の存在すら認識していなかったのです。これでは，今後多様化す
る子育て不安に対応するには，ますます困難な状況が生じてくるでしょう。
　保育者は，地域の子育て支援ネットワークの存在にもっと目を向ける必要があります。保護
者の子育て支援を担当しているのは，保育施設だけではありません。地域では，周産期からお
子さんが入園するまで，さまざまな支援を講じています。
　入園する前から，地域の子育て支援を利用しているご家庭が多いことも，保育者は周知して
いなければなりません。子育て不安には，親の育児行為そのものへの不満感や疲弊感だけでは
なく，親同士の人間関係トラブル，子どもの成長・発達に関する悩みなど多岐にわたります
が，その受け皿は利用者の目的や内容によって使い分けることができるような社会システムに
なっていることにも，目を向けましょう。保育施設が単独で支援を行うだけでなく，合同企
画，連携企画として提供することで，保護者は自分の悩みにあった支援を選択し，利用しやす
くなるでしょう。地域の子育て支援の具体例を紹介します。

（1）地域子育て支援拠点事業

　少子化や核家族化の進行，地域社会の変化など，子どもや子育てをめぐる環境が大きく変化する中で，家庭や地域における子育て機能の低下や，子育て中の親の孤独感や不安感の増大などに対応するため，地域において子育て親子の交流などを促進する子育て支援拠点を設置しています。実施主体は，市町村（特別区および一部事務組合を含む）です。

【事例紹介】

　横浜市では19の区が存在していますが，各区に１つ以上の拠点事業を開設しています。たとえば，Ｓ区の地域子育て拠点事業Ｎでは，「発達プログラム」「ママパパ参加プログラム」「交流プログラム」「子育て相談」の講座を定期的に開設しています。事業所ごと，地域の人材などを取り込みながら，多様な内容を実行しています（**表4-1**）。

　私のゼミ生による「親子で遊ぶ絵本カフェ」もそのひとつとして，開設しています。地域の子育て支援行事に参加する大学生が，子どもの読み聞かせにふさわしい絵本を展示し，子どもたちに読み聞かせをしたり，保護者に絵本の紹介を行っています（**図4-2**）。

表4-1　参加プログラム

発達プログラム	●ベビーマッサージ（２カ月～ハイハイ前） ●赤ちゃんとあそぼう（６カ月～１歳未満） ●プチリトミック①（１歳代），②（２歳～未就学児） ●みんなであそぼう（０歳～未就学児） ●おや子あそび（０歳～未就学児）
ママパパ参加プログラム	●パパママ一緒に運動あそび（２歳～未就学児） ●パパママ一緒にふれあいあそび（０歳～未就学児） ●パパたち集まれ（０歳～未就学児のパパと子ども） ●抱っこパパ隊（お子さんと参加できるパパ） ●抱っこママコーラス（抱っこ紐で参加できるママ）
交流プログラム	●０ちゃんベビー集まれ（０歳児の親子） ●１さいチビちゃん集合（１歳児の親子） ●あつまれ！　にこりんキッズ（２歳児以上～未就学児の親子） ●ふたご・みつごの会（双子三つ子の親子） ●10代20代ママの会（10代20代ママと子ども） ●ひまわりの会（ひとり親の会）
子育て相談	●助産師による育児相談 ●助産師によるグループ育児相談 ●保育コンシェルジュ ●スタッフによる子育て相談 ●横浜子育てパートナーによる個別相談 ●理学療法士による相談

図4-2　鎌倉女子大学「かまくらママ＆パパ's カレッジ」保育ボランティア
（『鎌倉女子大学ママ＆パパ's カレッジ（2018）』より写真引用）

a）乳児家庭全戸訪問事業　（こんにちは赤ちゃん事業，主催は市町村）

　生後4カ月までの乳児のいるすべての家庭を訪問し，さまざまな不安や悩みを聞き，子育て支援に関する情報を提供したり，親子の心身の状況や養育環境などの把握や助言を行い，支援が必要な家庭に対しては適切なサービス提供につなげる制度です。乳児のいる家庭と地域社会をつなぐ最初の機会とすることにより，乳児家庭の孤立化を防いでいます。

　生後4カ月までの乳児のいるすべての家庭を訪問し，下記の支援を行っています。

- ●育児等に関するさまざまな不安や悩みを聞き，相談に応じたり子育て支援に関する情報を提供
- ●親子の心身の状況や養育環境などの把握および助言を行い，適切なサービスを提供。訪問スタッフには，愛育班員，母子保健推進員，児童委員，子育て経験者などを幅広く登用

b）養育支援訪問事業　（市町村が実施主体）

　育児ストレス，産後うつ病，育児ノイローゼなどの問題によって，子育て不安や孤立感などを抱える家庭に対して，訪問により，子育て経験者などによる育児・家事の援助，または保健師等による具体的な養育に関する指導助言などを実施しています。

　家庭内での育児に関する下記のような具体的な援助を提供しています。

- ●産褥期の母子に対する育児支援や，簡単な家事などの援助
- ●未熟児や多胎児などに対する育児支援・栄養指導
- ●養育者に対する，身体的・精神的不調状態についての相談・指導
- ●若年の養育者に対する育児相談・指導
- ●児童が児童養護施設などを退所したあと，アフターケアを必要とする家庭等に対する養育相談・支援

c) 子育て援助活動支事業 （ファミリー・サポートセンター：実施は市区町村，委託もあり）

　この事業は市町村が行うもので，乳幼児や小学生の子どもを育てながら働いている人（保護者）を会員としています。子どもを預かってほしい（援助を受けたい）人と，子どもをその間預かってもよい（援助を行いたい）人との間に生じる援助について，連絡や調整を行う事業です。さらに，病児・病後児の預かり，早朝・夜間等の緊急時の預かりや，ひとり親家庭等の支援など多様なニーズへの対応を図ることを目的としています。

　以上のようにa）からc）は，市町村が中心となって実施している地域子育て支援の一環ですが，その他にも，児童福祉施設をはじめとする地域支援は多岐にわたります。

3　保育者は地域ネットワークのファシリテーター

　実際の業務の中では，保育者が単独でその不安や悩みを抱え込むことが多いことを前段で触れましたが，前掲のように，市区町村をはじめ地域の多様な子育て支援施設が存在しており，サービスが提供されています。

　したがって保護者は，すでにこのような制度を利用していると考えられます。保護者にとって「自分の子育てを支えてくれるのはどちらなのか？」などと，取捨選択を迫るような支援では，むしろ不安を増大させるばかりです。

　保育施設などの保育者は，さまざまな地域資源の利用実態について，保護者から事前にヒアリングしておくことも重要です。個人情報を安易にもらすことがあってはなりませんが，役割分担を踏まえ，必要な情報を共有するなど，より良い連携を築いてこそ，保護者からの信頼を得ることもできるでしょう。

　「保育施設」ができること，「地域の子育て支援」ができること，それぞれの果たす役割について，日頃から施設間でコミュニケーションを図っておくことが，重要になってきます。信頼のできる地域ネットワークの存在は，保護者に適切な助言体制を提供することにつながります。「保育施設」「地域の子育て支援施設」が協働で良好なチームをつくることで，保護者の子育て不安を支えるための，真の意味での子育て支援の成果をあげることができるのです。保育者が，そのような公的支援をつなぐファシリテーターの役割を担うことも，これからの社会では大いに期待されていることは言うまでもありません。

保育者と保護者で行う新しい取り組み
──「おむつなし育児」

▶▶かかわりの *Point*

● 五感と直観で子どもの排泄に心を寄せよう
● 排泄を通じたコミュニケーションを楽しもう
● 非言語コミュニケーションの感度を上げよう

1 排泄の自立と「おむつなし育児」

　近年，排泄が自立する年齢が上がっています。紙おむつの普及と品質向上も影響しているのでしょうか，現在では日本の子どものおむつはずれの平均月齢は3歳後半に至り，なかには小学校入学後までおむつを使用している例も珍しくないようです。トイレット・トレーニングは大きなストレスであり，おむつを早く取ることは子どもの心を傷つけるので無理強いすることはない，という認識が背景にあるようです。生まれたときから当然のようにおむつの中で排泄することを学習し続けてきた子どもにとって，突然のおむつはずしはストレスであり，パニックになることも当然といえるでしょう。

　一方で，小さいころからできるだけおむつに頼らず，おむつの外に排泄させてあげることを続けていたらどうでしょう。初めから開放空間で自然に排泄することに慣れていく。そうして育った子どもは，1歳後半〜2歳前後には自然に排泄が自立するといいます。そればかりでなく，子どもの情緒が安定して育てやすく，かかわる人の共感能力が向上する。そんな実感をともなって，「おむつなし育児」を実践する保育園や保護者が増えてきています。

2 「おむつなし育児」は，子どもに心を寄せること

　「おむつなし育児」とは，おむつをまったく使わない育児方法というわけではありません。それは「おむつの中に排泄することをあたりまえとしない」ことであり，できるだけおむつの外の開放空間に気持ちよく排泄できるようサポートしてあげることです。

　そのための具体的方法として，「必ずこうしなければいけない」ということはありません。普段はおむつをつけていて，排泄のときだけ外してあげるのもいいでしょう。排泄する場所も，トイレ，おまる，開いたおむつや，抵抗がなければお庭やお風呂場，洗面器でもいいのです。

子どもが排泄したいときは，タイミングやサインを見て見極めます。月齢が低いころのサインは，泣く，突然様子が変わる，じーっと見る，おならをする，おちんちんが膨らむ等の生理的な反応が多いようです。月齢が上がると，おまるやトイレに向かっていく，自分のお股付近をさわる，「チッチ」などと言う等，自覚的な反応が増えていきます。

また，比較的わかりやすいのはタイミングです。たとえばよくあるタイミングとして，寝起き，おんぶや抱っこから降ろされたとき，食後，外出後，入浴前後，寝る前などがあります。

肝心なのは，「おむつの外で気持ちよい排泄をさせてあげたい」と心を寄せることです。そうして，子どもとしっかり向き合う中で，その子と自分にとって望ましい方法を見つけるプロセスを楽しむこと。方法にとらわれず，また，おしっこやうんちをすべてキャッチすることにこだわるのでもなく，効果や成果を期待するのでさえなく，ただひたすら子どもに心を寄せる。大人の都合を優先した「常識」へのとらわれから，子ども中心の本来の保育・育児への転換。「おむつなし育児」は，そのためのきっかけと言えます。

3　「おむつなし育児」を通じた自然なコミュニケーション

排泄を通じて子どもに寄り添っていると，一方的に世話をしているのとは違い，相互的なコミュニケーションの機会が増えてきます。和田智代（2017）はそれを四つのステップで示しています。

> **ステップ1　子どもの思いを聴く（本当はどうしたいの？）**
>
> 　親：「どうしたいのかな？」
>
> 　子：（排泄したそうな仕草／タイミング）
>
> **ステップ2　子どもの思いを受け止める（そうか，そうしたいんだね）**
>
> 　親：「おしっこ・うんちしたいんだね」
>
> 　子：（わかってもらえて嬉しい）
>
> **ステップ3　子どもの思いを満たすことを手伝ってあげる（じゃあ，そうしてあげようね）**
>
> 　親：「じゃあ，おしっこ・うんちするの手伝ってあげるね」
>
> 　子：（排泄する）
>
> **ステップ4　子どもの気持ちに共感する（そうできてよかったね）**
>
> 　親：「気持ち良く出てよかったね」
>
> 　子：（気持ちよかった〜）　　　　　　　　　　　　　　　　（和田，2017, p. 21）

私たち大人は，どうしても言語的コミュニケーションに頼りがちです。ところが，言語習得以前ないし未熟な子どもとのやりとりにおいては，非言語的メッセージを受け取ることなしに

はコミュニケーションは成立しません。「おむつなし育児」の実践は，排泄に寄り添うことを
きっかけとして，五感と直観を総動員して子どもの気持ちや欲求に心を配り，理解しようとす
ることです。

　子どもとの排泄コミュニケーションが確立すると，不思議なことに「根源的・本質的につな
がる」感覚を深い喜びとともに経験することがあります。意識的な理性というよりも，無意識
的な直感で排泄のタイミングが自分のことのように「わかる」。そんなとき，子どもとの境界
を越えた深い「つながり」を感じ，感謝と喜びが湧き上がります。保育者や保護者が喜びを
もって子どもとかかわることで，子どもも安心してご機嫌に過ごすことができるようになるの
です。

4　非言語コミュニケーションが信頼関係をつくる

　子どもの「排泄したい思い」を感じ，受け止め，その思いを満たし，共感する。一連の過程
は，定型的なノウハウにとらわれるものではなく，目の前の子どもとの間の試行錯誤のプロセ
スです。おむつをはずすこと自体が目的なのではありません。子どもの心に寄り添う，深い共
感的かかわり。それを通じて，コミュニケーションの感度が磨かれます。

　おむつに頼らない排泄コミュニケーションを通じて，言語に頼らないコミュニケーションの
感度が上がる。そのことが，排泄以外の非言語コミュニケーションを豊かにすることにつなが
り，深い共感感覚を磨いてゆくことになります。それこそが，実はカウンセリングにおいて非
常に重要な信頼関係を構築する基礎となってゆきます。

　子どもと保育者，子どもと保護者ばかりでなく，保育者と保護者，保育者同士など，子ども
を取り巻く環境が信頼関係に満ちたあたたかなものでありたい。「おむつなし育児」は，そう
した環境づくりの一助となる可能性を秘めた魅力的な営みだと思うのです。

■参考・引用文献
三砂ちづる（編）（2009）．赤ちゃんにおむつはいらない――失われた育児技法を求めて．勁草書房．
和田智代（2017）．おむつなし育児アドバイザー養成講座テキスト．おむつなし育児研究所．
和田智代（2018）．赤ちゃんはできる！　幸せの排泄コミュニケーション――「おむつに頼りすぎない育
　児」という選択．言叢社．

●第5章●

同僚の保育者と支え合うための
保育カウンセリング

Chapter 5
Colleagues

I カウンセリングは保育者の定着率アップとメンタルヘルスに役立つ

▶▶ Point

● 若い保育者は，先輩保育者の「支援」と管理者の「受容」を求めている
● カウンセリング・マインドは，「楽しく仕事をすること」「メンタルヘルスの維持と向上」に役立つ

　保育者が悩みを抱えたとき，それを支える同僚や管理者がいれば，どうにかつらい時期をしのげることが多いものです。しかし，気持ちに寄り添ってもらえる仲間がいない場合，心は孤立をし，仕事を続けることが難しくなるでしょう。保育者は，互いに「話し合う」「認め合う」「喜び合う」ことによって，また明日から「がんばろう」という気持ちがわき，日々の保育や仕事を継続していけることが考えられます。

1 保育者の思い：アンケート調査から

　ここに，勤続1年目から3年目までの保育者を対象に，2016から2017年に筆者が行った調査の結果があります。離職せずに保育の仕事を続けていくために必要な支援が何であるのかをたずねてみました。その結果わかったことには，次のこと（**表5−1**）がありました。

　アンケートの結果によると，日々の仕事において最も重要な存在は「先輩の保育者」でした。先輩の保育者に対して「一緒に考えてほしい」「教えてほしい」「助けてほしい」，つまり「支援」を求めているのです。そして，同期の保育者には「共感してほしい」という気持ちがありました。愚痴を言い合ったり，励まし合ったり，共感し合ったりする関係性を求めています。

　しかし，退職を考え始めたときに重要な存在になるのは「管理者」だったのです。このと

表5−1　勤続1〜3年の保育者が求めている役割

	キーワード	求めている役割
同　期	共　感	悩み（愚痴）を表出したい，共有してほしい，共感してほしい
先　輩	支　援	一緒に考えてほしい，具体的な方法を示してほしい，助けてほしい
管理者	受　容	自分の状況・気持ちを理解してほしい，認めてほしい，守ってほしい

（大竹，2016）

き，管理者に求めているものは「自分が置かれた状況を理解してほしい」「自分のつらい気持ちを理解し，受け容れてほしい」「自分のことを守ってほしい」という気持ちでした。

また，実際に退職を考えながらも留まった経験のある保育者は，留まった理由について「管理者が自分の気持ちを受けとめてサポートしてくれた」「管理者に話を聴いてもらい，もう少しがんばろうと思った」等，管理者の存在とサポートがあったことをあげています。また，管理者の次に多かったのが「同期」の存在で，「同期が仕事のあと，励ましてくれた」「同期と一緒に愚痴を言えたことがよかった」などの意見がありました。

2 カウンセリング・マインドが求められている

これらのことから考察すると，勤続1年目から3年目までの保育者にとって，同期に求めていることは「共感」，先輩保育者に求めているのは「支援」，管理者に求めているのは「受容」であることがうかがえます。

「共感」は，話し手の心の世界に寄り添い，ともに感じ，共有していく態度です。「支援」は，相手の状況，価値観，気持ちを理解したうえで，一緒に考え，行動しながらサポートすることです。「受容」は，評価や判断はせず，「そのまま」「あるがまま」を受け取ることです。「共感」「支援」「受容」は，お互いの持ち味を尊重し合い，チームで円滑に仕事をしていく際に必要となる力にも通じています。

保育現場では，保育者が「共感」「支援」「受容」をもってチームワークを育むためにカウンセリング・マインドが必要であり，互いに求めていると考えられます。

3 管理者の受容的態度が定着率アップにつながる

ここで注目したいことは，保育者が退職を考えるとき，管理者には「受容的な態度」を求めているということです。

保育者が退職を考えるときには，きっと，さまざまな出来事や思いの積み重なりがあるでしょう。体や心の疲れ，さまざまなストレス，自信を失い自分を責めていることもあるかもしれません。「仕事を辞めたい」と考えながらも，さまざまな感情が入り交じり，本当はどうしたいのか，自分でもわからなくなっている場合もあります。そのようなとき，管理者が説得したり，励ましたりするのではなく，保育者の心に寄り添い，一緒に考えてくれることは重要であるといえるでしょう。

多くの保育者は，日々，大きな責任感を感じながら保育をしています。一生懸命に心を尽くしているからこそ，何かうまくいかないことがあったとき，自分の力不足であると感じたり，自分が保育に向いていないのではないかと考えたりしがちです。

このような感情は，自分ひとりで向き合い，整理していくことは難しいものです。安心でき

る人がアドバイスなどはせず，気持ちに寄り添い，親身になって聴いてくれる。そうした聴き手の存在があることで，やっと気持ちと向き合うことができます。

　離職を考える保育者の多くは，「保育」が嫌いになって離職に至るのではありません。だからこそ，保育者となったときの自分の気持ちに立ち戻り，日々を振り返り，今の自分の気持ちを表現しつつ，一緒に考えてくれる人が必要です。管理者が，保育者の気持ちをわかろうとしながら，気持ちを受け止め，一緒に感じ，考えてくれる。このような関係性が離職をとどまるときには必要になります。日々のこのようなかかわりが，悩んでいる保育者の「もう少しがんばってみよう」「また明日やってみよう」という気持ちにもつながり，ひいては保育者の定着にもつながることが考えられます。

4　楽しく仕事をするために：メンタルヘルスの維持と向上

　このような管理者が実践する保育者へのカウンセリングは，保育者同士の関係性にも影響を与えることでしょう。また，子どもが親にしてもらったことを，自分や友だちにしていくのと同様に，保育者が管理者にしてもらったことは，同僚や後輩の保育者にしていくようになります。そして，それは保育者から，保護者や子どもたちへと広がっていくでしょう。

　悩まない人はひとりもいません。仕事の問題を抱えたとき，ひとりで抱えるのではなく，話を聴き共感して，一緒に考え，支援してくれる仲間がいる。いつも，その気持ちや状況を受容してくれる管理者がいる。このような安心感が，メンタルヘルスの維持と向上につながります。楽しく元気に仕事をすること，保育というすばらしい仕事を長く継続していくためにも，カウンセリングは大きく役立つことでしょう。

 演習問題

　悩みや問題を抱えているとき，どのように話を聴いてもらうことがあなたの助けになりますか？　あなた自身の経験を振り返り，具体的なポイントについて，①ワークシートに書いて，②4人一組で，③1人3分ずつ話してください。④グループで，さらに大切なポイントを整理できるよう5分間話し合ってください。その後，全体でディスカッションをします。

■参考・引用文献
大竹直子（2014）．やさしく学べる保育カウンセリング．金子書房．
大竹直子（2016）．保育士の人材定着のために．全国私立保育園連盟近畿ブロック役員研修会にて発表．

II 保育者同士のチームワークを育む
──三つのワーク

▶▶ **Point**

- よりよいチームワークを育むために，ワークをする時間をつくろう
- 職員の気持ちが落ち着いているのを確認後にスタートしよう
- みんなで「安心」できる場と関係をつくれるよう心がけよう

　保育者同士のチームワークは，保育園の財産に他なりません。ここで紹介する三つのワークは，安心して簡単に行うことができるものです。このワークは，チームワークを育み，自己理解や他者理解，ひいては自己受容や他者受容にもつながります。園内研修等で実施するほか，会議のあとの時間などを見つけて定期的に実施することができれば，さらに効果を実感できるでしょう。

1 ありがとうの花束をつくろう

準　備　おもちゃの花，ぬいぐるみなど目印になるものひとつ【A】

内　容　5〜10人（何人でも可）でグループをつくり，日頃感謝していることを伝え合います。

時間の目安　5〜20分（会議の後，一日の終わりなどに）

展開例

①グループで円になります（手をつないで丸くなるのもよいでしょう）。

②1人が【A】を手に持ちます。それ以外の人が順番に，Aを持っている人に対して，日頃の感謝（嬉しかったこと，助けられたことなど）＋「ありがとう」を伝えます。

③全員が伝え終わったら，メッセージを受け取った人は感想を一言述べ，みんなで拍手をします。

④【A】を隣の人に渡します。

⑤全員が【A】を持ち，感謝を伝えてもらうまで，②〜④を繰り返します。

⑥最後に，3〜4人に分かれて感想を話し合います。

コ　ツ

- ワークの説明をするときに，日頃の感謝をどのように言葉にするのか，いくつか例を伝えるとよいでしょう。「いつも笑顔であいさつしてくれて，ありがとう」「今日，片づけを手伝ってくれて，ありがとう」など。

- みんなが内容を理解し，気持ちが落ち着いているのを確認してから，スタートしましょ

う。拍手が盛り上がると，楽しい雰囲気が生まれます。

応　用　子どもたちとの実施：一日の終わりなどに，子どもたちと手をつなぎ，円をつくります。保育者が一人ひとりの子どもに「○○ちゃん，お片づけのとき，先生のお手伝いをしてくれてありがとう！」と伝えます。最後は拍手で終わりましょう。

2　保育カンファレンスを開こう

準　備　話し手（相談する人）とファシリテーター（進行役）は，事前に決めておきます。保育カンファレンスに参加するのは，日頃，一緒にチームを組んでいる先生方です。

内　容　保育者の元気・やる気を回復し，よりよい保育，よりよい保護者や保育者へのサポートの在り方を模索するワークです。4〜7人くらいのグループで理解し，共有することを目指します（人数は，意見が出しやすく，話しやすい人数で実施します）。

時間の目安　5〜20分

展開例

①話し手の時間：話し手が「テーマ」を伝えます。たとえば，「気になる子どもについて」「保育をする中で感じている不安について」など，今日話したいことについて短い言葉で伝えてから，思いを語ります。①で述べたテーマについて，今の状況，自分の気持ち，困っていること，検討してもらいこと，サポートしてほしいことなど，話したいことを話します。

　　※このとき，聞き手（参加者）は言葉をはさまず，話し手の言葉や気持ちに耳を傾けましょう。

②質問の時間：話し手の話を聞き，「確認したいこと」「質問」があれば，聞き手から話し手に質問をします。話し手は，答えられたら答えてください。

③共感の時間（聞き手の時間）：聞き手は，話し手の話・気持ちを聞いて「共感したこと」「うまくいっていること」「話し手の先生のよいところ」に焦点をあてながら，感じたことを自由に語ります。

④話し手の振り返り：聞き手は，話（③）を聞いて感じたこと，考えたことを語ります。

⑤テーマのまとめ：ファシリテーターがまとめに入ります。「テーマ（話の内容）」や「話し手の振り返り」に応じて，「今できること」「大切なこと」「今後の保育方針」「役割分担」など，あらためて大切なポイントや気づきを言語化できるように，話し手に確認して，メンバーと共有するとよいでしょう。

⑥ファシリテーターの時間：話し手から，ファシリテーターについて感じたこと，助けになったことなどをフィードバックします。ファシリテーターも，ファシリテーターとして感じたこと，気づいたことなどを語ります。

コ　ツ

　　●このワークのポイントは，③共感の時間（聞き手の時間）で，話し手の先生の「うまく

いっているところ」「がんばっているところ」「よいところ」などをできるだけたくさんフィードバックすることです。担当の保育者が，元気を取り戻し，自分らしく保育ができるよう，メンバーがあたたかい気持ちで伝え合うことがポイントです。

　※この方法は，「自己生成プロセスワーク」（清水幹夫先生）を参考にしています。

3　がんばっているね！　私

準　備　タイマー

内　容　4〜6人のグループに分かれ，自分が「がんばっていること」を発表し，認め合い，ねぎらい合う，楽しいワークです。

時間の目安　2〜4分（会議の後，一日の終わりなどに）

展開例

①グループで円になります。ジャンケンをして，スタートの人を決めます。

②ワークの説明をします。

　説明例：これから，がんばっていることを一人ひとつずつ発表していきます。「がんばっている」とは，自分なりによくやっているなぁ，と思うことです。たとえば，朝起きるのが苦手な先生，それでもがんばって出勤してきています。がんばっています！　家族がいる先生，疲れていても，毎日家族のためにご飯をつくっています。がんばっています！　このように，自分なりにがんばっていることをひとつずつ言っていきます。ひとつ発表したら「がんばっているね！」「すごーい！」と他の先生方は，ねぎらい拍手をします（ここが大事です！）。拍手をしたら，右回りで隣の先生が，がんばっていることを発表する。また「がんばっているね！」と拍手する。その繰り返しです。3分の間，これを繰り返します。ぐるぐると3分が終わるまで回し続けて（発表をし続けて）ください。遊び感覚で，楽しく発表してみましょう。

③3分経ったら「時間です」と伝えて，全員で拍手をします。

④最後に，感想を一言ずつ話し合います。

応　用　保護者会での実施（保護者同士で実施すると泣き笑いになり，あたたかい雰囲気になります。保育者も見守り，お母さんたち「がんばっているね！」と拍手を送りましょう）。

■参考・引用文献

諸富祥彦（監修），大竹直子（著）(2005). 教室で，保健室で，相談室ですぐに使える！　とじ込み式　自己表現ワークシート．図書文化．

大竹直子 (2008). 教室で，保健室で，相談室で，すぐに使える！　とじ込み式　自己表現ワークシート2．図書文化．

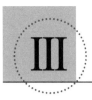 管理者が保育者に行うカウンセリング

1 困っている若手保育者にどう声をかけるか

▶▶かかわりの *Point*

- 一方的に管理者の意見を言わないように心がけよう
- 管理者や身近な保育者にいつでも相談できる環境を整えよう
- 若手保育者のがんばりを認めよう

　近年，管理者と若手保育者とのコミュニケーションが難しくなってきていると言われています。管理者の育ってきた時代と今の若手保育者との時代では，物事に対する見方や考え方が大きく異なっています。そのような中で，管理者中心の考え方により若手保育者を指導することは事実上困難だと言えます。管理者が一方的に若手保育者に自論を展開しても，若手保育者はなかなか管理者の思いを理解してくれません。ましてや，そのような行為は若手保育者の早期退職につながったり，管理者と若手保育者との間に溝をつくったりすることにもなりかねません。

（1）一方的に管理者の意見を言わないように心がける

　若手保育者にはいろいろなタイプの人が存在します。管理者自身の価値観でもって，若手保育者に対応することは避けなくてはなりません。困っている若手保育者に管理者が一方的に意見を言うことは，管理者自身の価値観を押しつけられているようにとられてしまう恐れがあります。若手保育者がこのような思いを抱いてしまうと，相談すると「否定される」と考えてしまい，若手保育者にとっては相談しづらい環境になってしまいます。もちろん，意見を求められたときには，管理者自身の意見を伝えるべきですが，求められる前に一方的に管理者の意見を伝えることは避けなければなりません。まずは，若手保育者は何を求めているのかを把握するためにも，管理者は傾聴を心がけることが最も大切です。「管理者は自分の話を聞いてくれる人」と思ってもらえることが，若手保育者とのコミュニケーションにおいては必要不可欠な要素となります。

　管理者は意識して聞き上手になることが求められると言えます。そして，若手保育者が自分の困っている状況や事柄について語ることで，問題や課題を明確にすることができます。若手

148

保育者自身が考え，管理者に詳しく話すことは，自分で問題点を整理することにつながるわけです。人間は自分で判断し決定したことを意識すると，その行動を起こしやすいと言われます。管理者が上手に質問をして，若手保育者に現状を語らせることは，若手保育者が自分自身で考え，行動を決定することを促すことにつながります。若手保育者の自主性を育てるうえでも必要な管理者のかかわりであると言えます。このような管理者の姿勢が若手保育者のやる気を引き出すことにもなります。

（2）管理者や身近な保育者にいつでも相談できる環境を整える

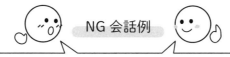
NG 会話例

> 若手保育者「○○先生（管理者），少し相談があるのですが，お時間はよろしいでしょうか」
> 管理者「今は忙しくてそれどころではないんだよ。後にしてくれる」
> 若手保育者「いつころだったら良いでしょうか」
> 管理者「今はこっちの仕事をやっているから終わってからかな」
> 若手保育者「いつごろになりそうでしょうか」
> 管理者「だからこの仕事が終わってからって言ってるでしょう。そんなに急ぐのならもっと早く言ってきてよ」
> 若手保育者「すみません」

管理者にはいろいろな仕事が日々持ち込まれます。管理者は膨大な業務量の中で奮闘されていることと思います。しかし，忙しさのあまり周囲を顧みない環境になっていないかどうかを自己点検する必要があります。「忙しい」が口癖になっていると，若手保育者だけではなく，周りの保育者も相談事を切り出しにくくなります。「大事なことなので，すぐにでも相談をしたい」と若手保育者が思っていても，そのような環境においては，相談することを躊躇してしまいます。人には気にしてくれているという思いが必要です。そのような思いを若手保育者が感じられるためには，若手保育者との日頃からのコミュニケーションが重要なのです。仕事以外のことでも気軽に話せるような雰囲気づくりが，いざというときの話しやすさにつながります。

管理者が他に配慮しなければならないこととして，職場の雰囲気づくりがあげられます。さらに，管理者以外の先輩保育者等の若手保育者にとって，身近な保育者との関係性を管理者が意識的にとらえることも必要です。いくら保育に関して優秀な保育者集団であっても，保育者間の人間関係がギスギスしていて風通しがよくなければ，優秀な保育者は定着しないでしょう。つまり，若手保育者だけではなく，保育者間で自由に相談できるような環境が，保育者集団にはとても大切であると言えます。現代では，そのような環境を整えることが管理者の役割として求められているのです。たとえば，年齢の近い保育者を若手保育者のチューターにする

などして，管理者を含めた保育者集団が一丸となって若手保育者を支え，育てていくような環境づくりを管理者は考えておく必要があるでしょう。一昔前のように，「人間関係は自分たちで築くもの」というような感覚ではなく，管理者も交えて，園内の人間関係が良好に築かれ保てるような仕組みづくりが，今後は管理者の役割として重要になってくると思われます。そして，園内にいるすべての人が若手保育者の育ちを願い，かかわるような環境づくりが，若手保育者の育成には必要になってきていると言えるのではないでしょうか。保育者一人ひとりが園を構成するチームの一員として自分自身をとらえることで，若手の悩みにも気づける環境が園内に生まれ，園全体で若手保育者を育てていこうという意識につながるものと思われます。

（3）若手保育者のがんばりを認めていく

　褒められて嫌な気持ちになる人はいません。しかし，職場においては，人間は他人のできているところよりも，できていないところに目が行ってしまう傾向があります。また，管理者はついつい保育者間で比較をしてみたり，今の自分の姿と若手保育者の現状とを比較してみたりして，対象となっている人（若手保育者）の現状をうまくとらえられていないことが多いように思えます。しかし，誰もが初めから完璧にできるわけではありません。

　管理者が若手保育者との関係に行き詰まりを感じているような場合には，もしかすると，このような見方や思考が管理者自身と若手保育者との間に溝をつくることになっているのかもしれません。人間は，自分がいったんできるようになると，できなかったころのことを忘れてしまいがちです。しかし，自分が若手保育者のときはどうであったのか，少し冷静になって振り返ってみると，失敗なくできていたのではないことや，周りの人の助けがあったからこそ今の自分が存在していることに気づくのではないでしょうか。このように過去の自分の姿を振り返ることで，若手保育者の現状を見ても，感情的になって対応するのではなく，ひと呼吸入れて見ることができるようになります。

　そして長所を見つけるためにも，スモールステップで若手保育者の育ちを見つめていくことも肝心です。いきなり，できるかできないかを若手保育者に問うのではなく，若手保育者の現状を理解して，今できることを一緒になって考える姿勢が管理者の意識には必要です。スモールステップで物事をとらえ直してみると，叱責ばかりしていた若手保育者にも褒めるところが見つかってきます。若手保育者の少しの進歩を認めることで，「管理者が見てくれている，わかってくれる」という意識を若手保育者がもってくれるようになります。このような状態になれば，管理者の発言は若手保育者への期待を込めた発言と受け止められ，若手保育者の意欲の向上へとつながっていくでしょう。

2 若手保育者のやる気を引き出す

▶▶かかわりの *Point*

- ●声がけなどして小まめにコミュニケーションをとろう
- ●結果ではなくがんばりのプロセスを認め励まそう
- ●「あなたは必要な存在」（共同体感覚）を育もう

（1）声がけなどし，小まめにコミュニケーションをとる

　まず，普段から声がけするなどして小まめにコミュニケーションをとることが大事です。たとえば，保育者一人ひとりの誕生日を覚えていて声かけする。若手の好きなタレントや趣味などについて，一緒に話すことなどから始めるのもいいでしょう。仕事に関係のない雑談を豊富にもつことは，緊張感をとき距離感も縮めます。また，日常的な連携がスムーズにいくことにもつながります。

　提出期日が決まっている書類が間に合わないと思っていても，誰にも相談できずにいたり，困ったことがあっても先延ばしにしてしまう若い先生が増えています。その場合，こちらのほうから声をかけることが大事になります。

　たとえば，行事の日案を提出期日になっても出せないことが多く，報告もできない若手の先生には次のように声がけをしてみるのもいいでしょう。

会 話 例

管理者「お誕生会の日案はどんな感じ？」

若手「はい，考えてます。環境構成や，お楽しみってどうしたらいいのかわからなくて……」

管理者「だいたいの流れは書けてるんだね。去年の日案とかあるから参考にしたらいいよ。お楽しみは，先生の得意なことやってみるのがいいかもしれないね。エプロンシアターとか，手品とか，ペープサートとか学校でやったことあるのでもいいよ」

若手「それなら，つくったエプロンシアターがあります！」

管理者「それってもいいよ。子どもたちもきっと喜ぶね。後は，環境構成だね。去年のを参考にして考えてきて。いつまでならできそうかな？」

若手「明日までに考えてきます」

（2）結果ではなくがんばりのプロセスを認め励ます

　運動会や発表会などの行事に向けてがんばっている先生に対して，ただ「がんばってるね」「よくやってるね」などと抽象的な声がけをしてもあまり意味はありません。一人ひとりの先生がどんなことをがんばっているのか，よく観察したうえでその具体的ながんばりを認め励ますことが大切です。

会 話 例

> 管理者「看板係だったよね。どこまで進んでる？」
> 若手「はい，文字とキャラクターもできています。後は貼るだけです」
> 管理者「看板の前で保護者と子どもたちが写真撮ったりするから，文字は遠くから見えるほうがいいよ。動物のデザインとってもかわいいね。だけどね，色画用紙を重ねすぎて重くないかな？　当日落ちちゃうかもしれないから，基本1枚になるようにつくるといいよ」
> 若手「はい……つくり直します」
> 　　　　──運動会後──
> 管理者「看板の前でたくさん写真撮ってたね。行列だったよ。かわいいって評判だったよ。風も強く吹いてたけど飛ばされずに大丈夫だったね。先生ならできると思ってたよ。時間ない中，よくがんばったね」

（3）「あなたは必要な存在」（共同体感覚）を育む

　ただ「がんばってるね」などと抽象的に褒めるだけでは，若手も本当にいいんだろうかと不安になります。その先生に気づいてもらうべきことを伝えたうえで，こちらの期待に応えてくれたら，その具体的ながんばり行動を認め励ましていくのです。

演習問題

　ある若手の先生は，午睡のとき泣いてばかりいる0歳児に対してどうしていいのか分からずにいました。担当の子どもの胸や背中をトントントントンとすごく速いスピードでタッチしていたので，その子はますます泣き，寝つくことはしません。
　その様子を見ていた管理者が，先生に「子どもと一緒に呼吸をゆっくり合わせて，波長を合わせながらゆっくり胸をさすってあげるといいよ」と伝えました。その先生はすぐに実践し，子どもは寝つけるようになりました。
　さて，あなたが管理者だったら，その先生のがんばりを認めて励ますようなどんな言葉をかけるでしょうか？　そのセリフを書いてください。

IV 保育者のための専門家による コンサルテーション

▶▶かかわりの *Point*

●タイミングを逃さず短期間で実施しよう　●役割を明確にしよう
●資源をうまく活用しよう

1 コンサルテーションとは

　コンサルテーション（Consultation：協働，相談，助言）は，元来，地域精神保健の流れからコミュニティ心理学の用語として使われていました。学校コミュニティでの教師の多様な個性や専門性，校務分掌上のさまざまな役割などに着目した石隈（1999）は，学校コンサルテーションを「異なった専門性や役割を持つ者同士が子どもの問題状況について検討し，今後の援助のあり方について話し合うプロセス（作戦会議）」としています。

　アメリカスクールカウンセラー協会（ASCA）の倫理的ガイド（ASCA, 2016）では「児童生徒のニーズに対応するために必要な助言や情報を与える専門的な関係」のことを指すと定義されています。さらに，ミズーリ州のコンサルテーションの在り方についてのガイドライン（Missouri, 2015）では，「コンサルテーションは，専門家であるカウンセラーが保護者，児童生徒，教員，管理者およびその他の専門の支援者らと学校内外で協力することであり，その目標は児童生徒の個人的，社会的，学業的，進路的な課題を解決するために，関係者の力量を促進することである」と定義しています。

　援助を与える側をコンサルタント，援助を受ける側をコンサルティと呼びます。保育の場でもコンサルテーションが必要です。コンサルタントはコンサルティが抱えている不安を軽減し，課題に対するとらえ方に関して新たな見方や具体的な解決策を提案したり，組織・管理上の改善策を検討したり，外部の有効な資源へつないだりします。

　今回は，カウンセラーがコンサルタント，保育者がコンサルティの関係で，保育現場で起こりがちな事例をもとにコンサルテーション活動を考察します。

2 悩む担任への支援

　年少男児ユウちゃんは，入園当初より立ち歩く，部屋から出ていくなど落ち着きがありません。そのため，集団での制作や行動が難しく，担任が個別に声をかけますが伝わらない状態に

第 5 章 ● 同僚の保育者と支え合うための保育カウンセリング

153

あります。

　困った担任が，キンダーカウンセラー（以下，KC）に相談することでコンサルテーションが始まります。このような場合，担任はなんとかしたいという使命感と，一生懸命かかわっても成果が得られない無力感との間で悩んでおられることが考えられます。

　KC はまず，担任の対応を評価しねぎらい，対応がうまくいかない要因のひとつに，本児の発達面での課題があるのではと見立て，人的支援を求めることや，子どもへの対応だけでなく，保護者や他の保育者からの評価が気になっているのではと推察し，情報共有を提案し，今後の流れを整理していきます。

会　話　例

```
担任「個別に声をかけますが，他の子どもへの対応もあってうまくいきません」
KC「一生懸命かかわられているのに，うまくいかないとつらいですね。動きが広範囲なの
　　でひとりで対応するのは難しいし，補助していただける先生をお願いしてみてはどうです
　　か」
担任「他の先生はひとりでされているのに……，わかりました。話してみます」
KC「園や家庭での様子を保護者や他の先生方とも共有して，支援していくことが大切だと
　　思いますよ」
```

　担任が KC に求めているのは，本児に対する「具体的な支援方法」の検討と，対応の難しさを「保護者や他の保育者にわかってほしい」ことと思われます。早急に対応する事柄として，担任は「人的支援を得られるか確認し，園や保護者と情報共有を行う」こと，KC は「具体的な手立てを検討するため本児の様子を観察する」ことが決まります。

　担任から報告を受けた園では，園内で情報を共有し，交替ではあるがほぼマンツーマンで本児にかかわる保育者を確保していくことが決まります。

　保護者からの情報は「言葉の育ちはゆるやかで意思疎通が図りにくい，ジッとすることが難しく勝手に動き回り，特に外出時での対応が難しい」などで，保護者もかかわりに苦慮されていることがわかります。

　KC の観察では，落ち着きがなく動き回りすぐにどこかに行ってしまう，言語発信が見られない，他の子どもや周囲に関心を示さないなど，月齢の幼さや体験不足による未熟さ以外に，発達面での課題が考えられます。

3　本児への支援と保護者への支援

　情報をもとに支援内容を検討し，本児への支援は，①「また出ていった」というような否定的な態度や表情を示さず，「クラス以外でも居場所として認める」「前回より少しでも我慢がで

きている」など，ポジティブな面に眼を向ける，②絵カードなど，言葉以外で理解を促す視覚情報を活用する，といった方針を用いることが決まります。

　保護者への支援については，①どのように本児とかかわればよいのか分からず，叱るという対応になりがちではないかと考え，「一緒にかかわり方を検討できるカウンセリングを勧める」，②より本児に合った支援の手立てを模索するために，専門機関での検査を視野に入れていただけるよう，カウンセリングを通してKCが保護者に働きかける，といった方針をとることが決まります。

会　話　例

KC「補助者が入り何か変化はありますか？」
担任「ひとりじゃないと思うと気持ちが楽で，相談もできるし，園全体でユウちゃんの状態も共有できています。お母さんも外に連れて出られるとき，ジッとできないので叱ってしまうことが多く困っておられました」
KC「『こんな風にかかわるとうまくいきましたよ』と，かかわりの参考にしていただける手立てを検討していきましょうね。お母さんも対応で困っておられる様子なので，お話ができる機会を増やせたらいいですね」

　本児への当面の支援方法が明確になったことや，担任だけでなく園全体でフォローする，保護者への支援は主にKCが行うなど，役割が分担されたこと，さらに情報共有で他者理解が得られたことなどから，担任の不安が早い段階で軽減されています。

4　チーム支援

　経過観察しながら支援内容を再検討すると，本児が他クラスに入り遊ぶなどの行動をあたたかく見守り続けることで，満たされると本児がクラスに戻る様子が見られました。行動面での課題はあるものの，担任，補助担任だけでなく，他クラスの担任やフリーの保育者も見守るという，チームで支援することの効果が確認されます。

　そこで，初期段階に比べ自分のクラスに留まる時間が増えていることから，「今後もクラス以外の居場所を認める」は継続し，新たに，他児と同じ行動が難しくても，本児が興味のあるシール貼り，ラジカセのボタン押しなど「クラスでの役割を促していく」ことが決まります。

　また，担任が対応の成果を感じることにつながっている，「ポジティブな面に眼を向ける」ことや，言語理解の手助けになる「視覚情報の活用」は継続していくことが決まります。

　その後，本児のクラス在籍時間はさらに長くなり，ラジカセの前で待機しクラスでの役割を受け入れている様子や，他児の遊んでいるそばに行き見ているなど，他児に興味を示す様子も見られるようになります。

保護者は，カウンセリングの過程で病院での検査を選択されました。そこで自閉症スペクトラム（ASD）と診断されたことや，担任とのやりとり，カウンセリングを通して，子どもの特徴に合わせたかかわり方が必要かつ大切であることがわかり，園と連携しながら前向きにかかわるようになるなど，保護者への支援も順調な経過をたどっています。

　事例のように，具体的な支援やチームでの支援が早い段階で行われると，担任の不安軽減や円滑な保育につながります。あるがままの自分を受け入れてもらえた子どもには，園が居心地のよい空間になります。コンサルテーションを通して，保育者が問題解決をする過程で自分の援助能力を高め，同じような子どもにより効果的な援助が行えることを期待しながらコンサルテーションを行います。

　子どもによりよい援助を行うためにも，支援が必要と思われる子どもへの，個別の支援計画をつくりましょう。具体的な支援計画は円滑な支援活動につながります。

　支援を必要としている園児の今の姿，たとえば「言葉の意味は理解できるが，言葉で相手に伝えることは難しい」子どもの場合，「言葉でコミュニケーションがとれるようになる」ことが期待されます。

　そこで，「保育者の援助を介して，『貸して』や『ありがとう』などの言葉を，状況に合わせて使えるようになる」ことを目標として，具体的な支援の方法や内容を検討します。たとえば「まず保育者が代わって言葉を述べ，本児がそれをオウム返しできる機会をつくる」などです。そして一定の対応期間が過ぎたら，支援方法や内容を振り返り，今後もその方法を継続するのか修正するのか，あるいは新たな課題へアプローチするのかなど，今後の支援を検討していきます。

　今回はカウンセラーという専門家によるコンサルテーションの例でしたが，保育の専門家である保育者同士でコンサルテーションを行うことも大切です。より良いコンサルテーションが実践できるよう，知識と実践技能を高めていきましょう。

■参考・引用文献
本田恵子（2016）．コンサルテーション実践に必要な段階別技能 ——ASCA，NASP モデルの日本での展開の可能性．日本学校心理士会年報，9，40．
石隈利紀（1999）．学校心理学 ——教師・スクールカウンセラー・保護者のチームによる心理教育的援助サービス．誠信書房．

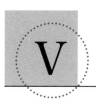 保育者の定着化のために

● 不慣れな初任の保育者には，先輩が優しく声をかけて信頼関係をつくろう

● 若手は先輩との関係で困ることが多いので，ていねいに話を聞いてあげよう

● 中堅保育者が家庭と仕事を両立できるよう，働き方を園が工夫しよう

● 子どもの幸せのために何ができるか，保育者間で知恵を出し合い連携しよう

1 職場への定着

　厚生労働省の調査によると，保育士の離職率は10％になっています。そのうち民営の保育園の保育士では12％と，公立と比べても高くなっています。この調査では離職の理由もたずねており，それによると１位が勤務時間の長さ，２位が人間関係，３位が保育方針の違いとなっています。

　Ｓ県の園を対象に行った調査では，次のような結果も出ています。「新卒保育者の早期離職に関する実態調査」（加藤ら，2011）によれば，「退職者がいた園のうち，幼稚園では63％に，保育所では実に81％に」「在職期間３年未満の退職者」がいるとの回答がみられ，３年も経たない間に離職する者が一定程度みられました。理由は「仕事への適性がない」「人間関係」「健康状態」。ただしこの調査は施設側からみた離職の理由であり，そのために厚生労働省の調査とのズレがみられると思われます。

　いずれにしても，これらからは若い人に職場への定着が困難な状況がみてとれます。

　では，離職する保育者の声にもう少し耳を傾けてみましょう。養成校を卒業し，最も早く離職の相談がくるのが２月３月の研修期間です。実習のときとは求められることが異なることへの違和感や，自分が想像していた保育と実際の保育が大きく異なっていたときには，４月を待たずに離職するケースもあります。また，４月に入ると「一人前」扱いされ，一気におしよせる「初めての」仕事と自分の力とのギャップに，ひとりプレッシャーを抱えながら仕事をしていることも多いようです。この時期になんらかの手助けがないまま，あるいは本人からのなんらかのSOSがないまま月日が流れると，体に異変をきたし，退職となるケースも少なくないように思われます。

　加藤ら（2011）の調査では「仕事への適性」について，もう少し具体的に聞き取りを行っています。それによると，「忍耐力」「情熱」「責任感」などがあげられています。保育という仕事は明確な正解がない，あいまいな子どもの育ちをみていく仕事であり，相手が自我を形成し

第５章 ● 同僚の保育者と支え合うための保育カウンセリング

157

つつある子どもだからこそ「忍耐」が問われることもあるでしょう。また，命を預かる仕事をしているという責任や情熱も，仕事をしていくうえで重要です。しかし，これらもまた目に見えにくく，計測不可能なものだと言えるでしょう。本人にしてみたら精一杯の忍耐と情熱と，そしてなによりも責任感をもっているからこそ，体に異変が起きるまでがんばってしまうのではないでしょうか。

　園での仕事がなんらかの大きなストレスになっており体調を崩し，ドクターストップがかかり離職した保育者がいました。しばらく仕事を休み，別の園で仕事を始めたら体調もよくなり，前向きに仕事ができるようになりました。このようなケースも少なくありません。

　年度途中で辞められた園にしてみたら，その要因をその人のなんらかの能力の欠如として納得したくなりますし，実際そう見えるのでしょう。しかし，辞めていく当事者からすると，高校卒業後2年，あるいは4年の養成期間を経て仕事につくというのは，その日から「一人前」をあたりまえのように求められるものの，実際にはすべてが初めてであり，戸惑いの連続なのです。

　養成校で教える専門知識や専門技能は，あくまでも現場での実践の文脈からは離れた知識であり，その中での学びなのです。だからこそ，実習に行くと授業で習ったようにはいかないことがたくさん出てくるのです。それが初職では1年間続きます。専門的な知識は身につけてきても，その園のやり方や文化にはまだ初心者なのです。

　もちろん，個人の能力の低さが離職にまったく無関係とはいえないまでも，とりわけ新任の時期は，さりげない周囲の手助けや配慮があればあるほど離職率は減っていくのではないでしょうか。

　今回紹介した調査データでも，公立に比べて民間園のほうが離職が多いという結果が出ており，ここからも，個人の能力の問題には回収されない職場の雰囲気や制度などが関係していることは容易に想像がつくのです。

2　職場づくり

　現在，保育現場は人手不足が深刻化しています。社会的要求の高さから待機児童の解消の動きが出てきて，多様な保育施設が制度化され，それにともない保育者不足の問題がクローズアップされています。認定こども園への移行にともなって，ますます人手不足は深刻化しているのです。

　養成校では，働いてくれる人を探す声が絶えず現場から聞かれるようになりました。また，一緒に働いてみてから決めたいという希望が強く，実習の時点で園の側は求人を強く意識して，連続したものとしてとらえようとする動きもみられています。さらに，若い保育者が辞めないためにはどうしたらよいのかという問題意識も耳にするようになってきました。

　養成校では2年ないし4年という短い時間でどれだけ保育者を育てるかが大きな課題になっています。一方の保育現場では，離職の理由に常にあげられる「人間関係」のトラブルをどの

ように解決していったらよいか，若い保育者の問題意識や声をどのように拾っていったらよいのか，いくつかの取り組みもみられます。

　ある園では，新任は年長の担任をもたないのが原則で，4月から6月くらいまでは幼児は縦割り保育を行っているといいます。子どものためにというのもありますが，他方で若い保育者が先輩保育者から学べる場としてこの時期を位置づけ，新任保育者を孤立させることなく，日常の保育の中で先輩から学べる仕組みといえるでしょう。

　いくつかの聞き取りで，最も多く聞かれたのが，若い保育者が園長に遠慮しないような関係づくりを心がけているということでした。そのやり方はいろいろで，園長のほうから距離を短くしていく方法や，園長は誰の話も聞くというスタンスを園の教職員みんなに知らせながら実践していく方法などもありました。また，行事などを「一緒に楽しむこと」を一番に考え実践してくことで，園長との距離を縮めていこうという園もありました。

　職場の人間関係で難しいのは，保育はひとりではなくチームで行うということです。ある幼稚園は全クラスを一クラス2人担任制にしたといいます。2人のチームワークが厳しく問われるものの，新任保育者を孤立させない方法としてはすぐれていますし，なによりも子どもにとって大人の手がたくさんあるのは心強いものです。

　職場づくりというと，教職員のシフトを柔軟に組むことで，勤務時間中に子どもとのノンコンタクトタイムをつくっている園もあります。その時間をうまく調整することで必要な打ち合わせの時間なども生み出しており，離職の理由にあがった勤務時間も，工夫次第ではやりくりできるといえるでしょう。

　保育の仕事が難しいのは，保育という仕事に対する評価が，その人の人物評価とうまく切り離して考えることが難しいということにあるのではないでしょうか。先にみたアンケートからも「忍耐力が」「ない」／「情熱が」「ない」／「責任感が」「ない」というふうに個人の能力としてその有無が判断される傾向にあります。保育などの専門性が人物評価も含まれる傾向は確かにあるものの，それがすべてではありません。また，いろんな人がいるし，いてもいい，と考えるのならば，ここでいう「人物評価」はあくまでもポジティブなものとして採用されるべきもので，その人のネガティブな部分を取り出して評価していくのは，互いにとって不幸と言えるでしょう。

　最も重要なことは，保育現場にいる子どもを真ん中にして，互いがもっているものを出し合って，保育実践が行われるかどうかではないでしょうか。

　また，今までは女性の職場であったため，結婚や出産を機に退職するケースも多かったと思われます。このため，職場の年齢構成で中堅どころがごそっと抜けているようなところも少なくありません。結婚や出産を経ても継続できる制度の導入が急がれます。

■参考・引用文献
加藤光良・鈴木久美子（2011）．新卒保育者の早期離職問題に関する研究（Ⅰ）──幼稚園・保育所施設を対象とした調査から．常葉学園短期大学紀要，42，81．

VI 保育者のメンタルヘルスのために

▶▶ Point

● 落ち込みとはどういうものか理解しよう
● 論理療法について学ぼう
● 気持ち整理シートに書き込んでみよう
● 論駁（ろんばく）について知ろう

1 保育者の悩み

　保育者が悩んでしまうことはよくあると考えられます。その理由として，保育者の仕事は子どもの命にかかわる仕事で，常に緊張を余儀なくされます。たとえば乳幼児突然死症候群（SIDS）は，それまでの健康状態および既往歴からその死亡が予測できず，しかも死亡状況調査および解剖検査によってもその原因が同定されない，原則として1歳未満の児に突然の死をもたらす症候群です。主として睡眠中に発症し，日本での発症頻度はおおよそ出生6000〜7000人に1人と推定され，生後2カ月から6カ月に多く，稀には1歳以上で発症することがある（厚生労働省SIDS研究班, 2012）と報告されています。突然乳幼児が息をしていなかったら，と考えると，寝ている間も心配になります。また子どもの転倒や誤飲，子ども同士のケンカによる噛みつきなど，身体的な対応に追われます。事務作業の多さもあるでしょう。保育室の壁面を飾ったり，お遊戯会の飾りつけ，また子どもたちに誕生日カードを作成したり，子どもたちが帰ったあとも，仕事が残っていることでしょう。園でともに働く仲間との関係も，すべての保育者と気が合うとは限らないので，イライラすることもあるでしょう。

2 予防のために

　園での実習が終わった帰り道や，園でのお仕事が終わって家に向かったとき，気分がなんとなく落ち込んでいたら，これは心のメッセージだと考え，なぜそんな気持ちになったのかを考えてみることが必要です。
　次の頁の気持ち整理シートを見てください（図5-1）。
　シートにそって自分の気持ちを整理してみましょう。
　まず，今日どんな出来事があったかを思い出してみましょう。いろんなことがあったかもし

160

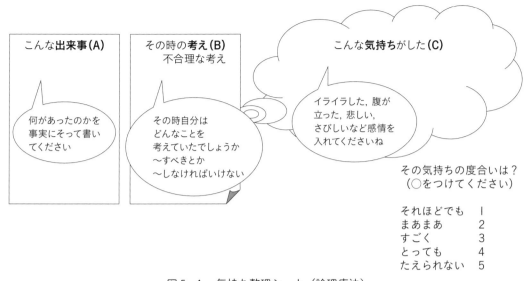

図 5-1　気持ち整理シート（論理療法）

れませんが，今このどんよりしているとか怒っている気持ちは，どの出来事からこうなったのでしょうか。出来事がはっきりしてきたら，今度はその出来事から自分はどう考えたのかを書いてみましょう。

　考えと言われると難しい感じがするかもしれません。ヒントとして，日本人がもちやすい考えがあります。ひとつ目は「誰からも好かれたい」や「すべての人に良い評価をされたい」。二つ目は「なんでも完璧にやりたい」。三つ目は「環境は自分にとって優しくあるべき」（急いでいるから渋滞は起こるべきでない，運動会だから雨は降るべきではない等）。いかがでしょうか，自分もこれらの考え方をしていなかったでしょうか。自分がどんな考えをしていたのかがはっきりすると，誰からも好かれることは難しいし，完璧に仕事ができるわけないと気がつくのではないでしょうか。だとすれば，今回の出来事は，残念なことであるが，気分がどんよりしたり，イライラする必要がないことが，わかってくると思います。交流分析では，限りある人生をどう使うのか，つまりは時間をどう使うのかである（國分，1980）と考えます。人生はゴールが決まっています。どんなにがんばっても誰にでも必ずゴールは来るのです。ではその終わりまで，どのように生きていくのか，悩んで生きていくのか，悩みを解決して楽しく生きていくのか。あなたならどんな人生を生きたいと思いますか。

 演習問題

　気持ち整理シートを書いて，グループ内で発表してみましょう（後で発表することを前提にシートを書いてください）。
　最近（1カ月ぐらい）で気分が落ち込んだときを思い出して，①出来事・考え・気持ち

3 心の病を抱えた保育者への支援

　もし，同僚の保育者が元気なく，園を休みがちになったら，あなたはどのように声をかけるでしょうか。声をかけるにしても，今までの関係性の中で，そっとしておいたほうがいいのか，ここは勇気をもってお茶に誘ったほうがいいのかを判断することになると思います。

　若い女性は男性より「うつ病」になりやすいので，ここも注意が必要です。夜眠れない，早朝に目が覚めてしまう，食欲がなく体重の変動がある，午前中は起きられないが午後は元気になるなど，うつの症状があるようでしたら，病院を勧めましょう。まずは内科（心療内科）などに一緒に行く支援もありますが，本人の気持ちを尊重できるといいと思います。自分のわがままで仕事を休めないなど，周りに気を使うようであれば，今はしっかり病気を治すことが一番だと，説得が必要でしょう。厚生労働省における2017年の統計によると，20歳から39歳までの死亡の原因は，第1位は自殺になっています。自殺の理由として，病気の悩み（うつ病）が多くなっています。「うつは心の風邪」と言われ，軽くとらえる人もいるかもしれませんが，命の危険がありますので，病院を勧めることが重要です。

　自分が落ち込んでいることを理解し，どうしたらいいのかあなたに相談された場合は，先ほどの①予防で書いたシートをさらに発展させたシートを，一緒に行ってみる方法があります。

　このシートは論理療法に基づいたものです。論理療法は，アルバート・エリス（Albert Ellis）によって1995年に創始されました。

　私たちが落ち込んだり，腹が立ったりするのは，不合理な考えに原因があるという理論で，この不合理な考えを合理的な考えに変えること（論駁：ろんばく）で，落ち込みやイライラから解放されるというものです。つまり私たちは出来事で悩むのではなく，自分の考えが落ち込みやイライラの原因だと述べています。しかし悩んでいる人は，その考えが正しいと深く信じているため，簡単に考えを変えることは難しく，そのことで悩みが深くなり，元気がなく，仕事に意欲をもてなくなっているのです。

　まずシートの出来事から一緒に書いてみましょう（図5−2）。出来事はできるだけ最近のことで落ち込んだこと，イライラしたことを書いてみてください。その出来事でどんなことを考えたのか，これがとても重要になります。「〜すべき」「〜ねばならない」の考えを探すことができれば，この考えでどんな気持ちになるのかを明らかにします。そしてその気持ちの度合いを数字で表してみましょう。

　では，いよいよ「不合理な考え」を「合理的な考え」に変えること（論駁）に一緒に挑戦してみましょう。不合理な考えが明らかにならないと，論駁は難しくなります。不合理な考えを

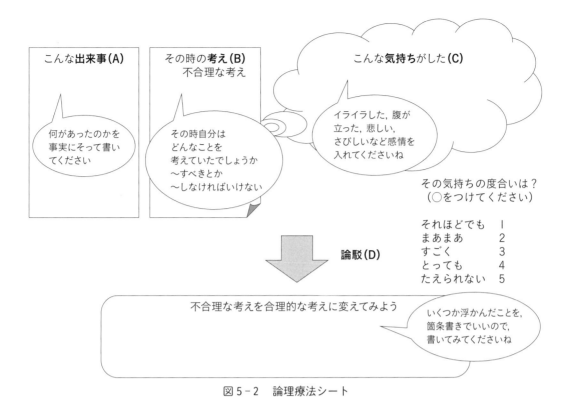

こんな**出来事(A)**

何があったのかを事実にそって書いてください

その時の**考え(B)**
不合理な考え

その時自分はどんなことを考えていたでしょうか
〜すべきとか
〜しなければいけない

こんな**気持ち**がした**(C)**

イライラした,腹が立った,悲しい,さびしいなど感情を入れてくださいね

その気持ちの度合いは?
(○をつけてください)

それほどでも　　1
まあまあ　　　　2
すごく　　　　　3
とっても　　　　4
たえられない　　5

論駁(D)

不合理な考えを合理的な考えに変えてみよう

いくつか浮かんだことを,箇条書きでいいので,書いてみてくださいね

図5-2　論理療法シート

確認する必要があります。たとえば,「すべての保護者に良い担任だと思われるべきである」とか「仕事は完璧にこなし,ミスは絶対にしてはいけない」と考えていると,苦しくなるでしょう。

　人はなぜこのような考え方をもつのでしょうか。アルバート・エリスは,①誕生後今日までの間に他人に暗示をかけられてしまった,②願望と事実を識別していない,③過去へのとらわれ,後悔がある(たとえば,大学に行けばよかったとか,もっと勉強すればよかったなど,何回繰り返しても感情発散しかできない),④他人の反応を気にして,自分の主張が言えない,したいことができない(きっとみんなは嫌がるにちがいない→しかし嫌がるかどうかは,わからない。推論であって事実ではない)。論理療法では,人生の苦悩は事実に基づかない,論理的必然性のない前提を心の内に秘めることによってもたらされると考えます。この前提は,後天的な経験の結果学習されるものであると考えられています(國分,1980)。

　不合理の考え方を論駁する際に必要なことは,それは事実に基づいた考えか,論理的な考えかを判断することです。「すべての保護者に良い担任だと思われるべきである」は,事実でしょうか。これは願望です。願望を事実と考えてしまうと,苦しくなります。「すべての保護者に良い担任だと思われたら嬉しいが,そんなことはありえない」と考えると,少し気分が変わってくるでしょう。「仕事は完璧にこなし,ミスは絶対にしてはいけない」はどうでしょう。人生の中で一度も失敗したことがない人はいるでしょうか。願望を事実と思い込んでいます。ではどのように論駁したらいいでしょうか。皆さんにはもう理解できているのではないで

しょうか。「仕事は完璧にこなし，ミスをしないほうがいいが，人間なのでミスすることもあるかもしれない。自分だけで仕事を処理するのではなく，ダブルチェックするなど，最前を尽くしたいが，それでもミスすることはある」と考えてみてはどうでしょうか。

　少し考えを変えるヒントを，悩んでいる同僚に助言してみるのは効果があると思います。一度ですっきり考えが変化するとは思えないので，イライラしたり，落ち込んだときに，たびたび事実と論理的な考えについて，根気よく話していくことが必要です。

　心の病を抱えた保育者への支援で大切なことは，困ったときに話せる友だちや家族がいることです。人生の中で一度も悩んだことがないという人はいないでしょう。どこかで困難なことにぶつかったとき，話せる存在がいることが重要です。そのためには自分と気の合う人を見つける必要があります。

　さて，あなたの周りには気の合う人がいるでしょうか。ぜひいろんな人と交流をもって，自分と気の合う人を見つけてください。そのことがあなたにとって，一生の宝になることでしょう。お互いに，支えたり支え合ったりできる人がひとりいれば，きっと困難な状況からも抜け出すことができると信じています。

■参考・引用文献

國分康孝（1980）．カウンセリングの理論．誠信書房．

厚生労働省 SIDS 研究班（2012）．乳幼児突然死症候群（SIDS）診断ガイドライン（第 2 版）．
　https://www.mhlw.go.jp/bunya/kodomo/pdf/sids_guideline.pdf

●資　料●
参考文献・機関紹介

〈参考文献〉

カウンセリングの基礎を理解するための本

國分康孝（1979）．カウンセリングの技法．誠信書房．

國分康孝（1980）．カウンセリングの理論．誠信書房．

國分康孝（1996）．カウンセリングの原理．誠信書房．

諸富祥彦（2010）．はじめてのカウンセリング入門（上）　カウンセリングとは何か．誠信書房．

諸富祥彦（2010）．はじめてのカウンセリング入門（下）　ほんものの傾聴を学ぶ．誠信書房．

諸富祥彦（2014）．新しいカウンセリングの技法──カウンセリングのプロセスと具体的な進め方．誠信書房．

諸富祥彦（編）（2011）．人生にいかすカウンセリング──自分を見つめる　人とつながる．有斐閣．

保育カウンセリングを学ぶ本

松本峰雄（監修），大野雄子・小池庸生・小林玄・前川洋子（著）（2016）．保育の心理学演習ブック．ミネルヴァ書房．

諸富祥彦・冨田久枝（編）（2015）．保育現場で使えるカウンセリング・テクニック──子どもの保育・発達支援編．ぎょうせい．

諸富祥彦・冨田久枝（編）（2015）．保育現場で使えるカウンセリング・テクニック──保護者支援，先生のチームワーク編．ぎょうせい．

大竹直子（2014）．やさしく学べる保育カウンセリング．金子書房．

滝口俊子（編）（2015）．子育て支援のための保育カウンセリング．ミネルヴァ書房．

冨田久枝（2009）．保育カウンセリングの原理．ナカニシヤ出版．

冨田久枝・杉原一昭（編）（2016）．保育カウンセリングへの招待［改訂新版］．北大路書房．

子どもと保護者：理解と支援のための本

開一夫・齋藤慈子（2018）．ベーシック発達心理学．東京大学出版会．

廣瀬聡弥（監修），田中文昭（著）（2012）．理論と実践から学ぶ　10年後に「読んでてよかった！」と思える子育ての本．幼年教育出版．

入江礼子・小原敏郎（編）（2019）．子どもの理解と援助　子ども理解の理論及び方法──ドキュメンテーション（記録）を活用した保育．萌文書林．

入江礼子（2015）．「ほめる」「叱る」のその前に子どもにとどく伝え方．赤ちゃんとママ社．

岸井勇雄・無藤隆・柴崎正行（監修），柴崎正行・長崎勤・本郷一夫（編）（2004）．障害児保育．同文書院．

小山孝子（2006）．わかる子どもの心と保育──からだの実感を手がかりに．フレーベル館．

佐藤暁・小西淳子（2007）．発達障害のある子の保育の手だて──保育園・幼稚園・家庭の実践から．岩崎学術出版社．

繁多進（監修），向田久美子・石井正子（編），（2010）．新　乳幼児発達心理学──もっと子どもがわかる　好きになる．福村出版．

曽山和彦（2010）．時々，“オニの心”が出る子どもにアプローチ　学校がするソーシャルスキル・トレーニン

グ．明治図書．

曽山和彦（編）（2015）．気になる子の保護者への支援術——校長のリーダーシップで変わる特別支援教育．教育
開発研究所．

杉原一昭・桜井茂男・大川一郎・藤生英行・藤岡久美子（編）（2006）．発達臨床教育相談マニュアル——アセス
メントと支援の実際．川島書店．

実践のための本

冨田久枝（監修）（2017）．実例でわかる連絡帳の書き方マニュアル．成美堂出版．

冨田久枝（監修）（2018）．実例でわかる保育所児童保育要録作成マニュアル．成美堂出版．

冨田久枝（監修）（2018）．実例でわかる幼稚園幼児指導要録作成マニュアル．成美堂出版．

冨田久枝（監修）（2018）．実例でわかる保育参観＆懇談会成功マニュアル．成美堂出版．

〈機関紹介〉

保育カウンセリングが学べる機関

公益社団法人 全国私立保育園連盟 保育カウンセラー養成講座

〒111-0051　東京都台東区蔵前 4 -11-10　全国保育会館

Tel: 03-3865-3880　　Fax: 03-3865-3879

http://www.zenshihoren.or.jp/

教育カウンセリングが学べる機関

特定非営利活動法人 日本教育カウンセラー協会

〒112-0012　東京都文京区大塚 1 - 4 - 5

Tel：03-3941-8049　　Fax：03-3941-8116

http://www.jeca.gr.jp/

自己成長のためのワークショップ

一般社団法人 気づきと学びの心理学研究会〈アウエアネス〉

〒101-8301

東京都千代田区神田駿河台 1 - 1

明治大学文学部14号館　 6 階 B611　諸富研究室内

Fax：03-6893-6701　　E-mail：awareness@morotomi.net

https://morotomi.net/awareness/

■編者紹介

諸富　祥彦（もろとみ　よしひこ）
筑波大学大学院博士課程修了
千葉大学教育学部助教授を経て現職
現　在　明治大学文学部教授，教育学博士，臨床心理士，公認心理師，上級教育カウンセラー，認定
　　　　フォーカシング・プロフェッショナル
著訳書　『孤独の達人』(PHP 研究所，2018年)，『「本当の大人」になるための心理学』(集英社，2017
　　　　年)，『保育現場で使えるカウンセリング・テクニック（上)(下）』(ぎょうせい，2015年)，『新
　　　　しいカウンセリングの技法』(誠信書房，2014年)，『カウンセラー，心理療法家のためのスピリ
　　　　チュアル・カウンセリング入門（上)(下）』(誠信書房，2012年)，『はじめてのカウンセリング
　　　　入門（上)(下）』(誠信書房，2010年)，『ロジャーズが語る自己実現の道（ロジャーズ主要著作
　　　　集３）』(共訳)(岩崎学術出版社，2005年)，『学校現場で使えるカウンセリング・テクニック
　　　　（上)(下）』(誠信書房，1999年)，ほか多数
　※研修会等の情報は〈https://morotomi.net/〉をご覧ください

大竹　直子（おおたけ　なおこ）
千葉大学大学院教育学研究科学校教育臨床専攻修了（教育学修士）
企業勤務，公立小学校・中学校や私立中学校・高等学校スクールカウンセラー等を経て現職
現　在　千葉大学総合衛生管理機構（カウンセラー），法政大学・大学院兼任講師，臨床心理士，公認心
　　　　理師
著　書　『やさしく学べる保育カウンセリング』(金子書房，2014年)，『とじ込み式　自己表現ワーク
　　　　シート２』(図書文化，2008年)，『とじ込み式　自己表現ワークシート』(図書文化，2005年)，
　　　　『教師が使えるカウンセリング』(共編)(ぎょうせい，2004年)，ほか

■**著者紹介**（所属は刊行時のもの）

大熊　光穂（聖徳大学短期大学部保育科准教授）：第3章Ⅰ～Ⅲ

大竹　直子（「編者紹介」参照）：第1章，第4章Ⅲ-2～4，第4章Ⅵ，第5章Ⅰ～Ⅱ，資料

大野　雄子（千葉敬愛短期大学現代子ども学科教授）：第4章Ⅱ

笠置　浩史（日本大学第二高等学校教諭）：第4章Ⅷ

加藤　多美（あさひおっきい保育園園長，保育カウンセラー）：第3章Ⅻ

栗原ひとみ（植草学園大学発達教育学部発達支援教育学科教授）：第3章Ⅸ～Ⅹ

小泉　裕子（鎌倉女子大学児童学部児童学科教授，鎌倉女子大学短期大学部学部長）：第4章Ⅶ

小林あけみ（早稲田大阪学園向陽台高等学校スクールカウンセラー，大阪府キンダーカウンセラー）：
　　　　　第4章Ⅳ，第5章Ⅳ

齊藤　　崇（淑徳大学総合福祉学部教育福祉学科教授）：第4章Ⅰ，第4章Ⅲ-1

鈴木　裕子（学校法人東北カトリック学園三沢カトリック幼稚園園長）：第3章Ⅳ～Ⅴ，第3章Ⅷ

鈴木　由美（聖徳大学児童学部児童学科教授）：第5章Ⅵ

曽山　和彦（名城大学教職センター教授）：第4章Ⅴ

竹石　聖子（常葉大学短期大学部保育科准教授）：第5章Ⅴ

田中　文昭（幼保連携型認定こども園やまなみ幼稚園理事長・園長）：第5章Ⅲ-1

林　　陽子（学校法人太陽学院こころ新橋保育園保育士）：第5章Ⅲ-2

廣瀬真喜子（沖縄女子短期大学児童教育学科教授）：第3章Ⅵ～Ⅶ

細川かおり（千葉大学教育学部教授）：第3章Ⅺ

諸富　祥彦（「編者紹介」参照）：はじめに，第2章

スキルアップ 保育園・幼稚園で使える
カウンセリング・テクニック

2020 年 2 月 5 日　第 1 刷発行
2024 年 4 月 10 日　第 4 刷発行

編著者	諸富祥彦	
	大竹直子	
発行者	柴田敏樹	
印刷者	藤森英夫	

発行所　株式会社　誠信書房
〒112-0012 東京都文京区大塚 3-20-6
電話 03 (3946) 5666
https://www.seishinshobo.co.jp/

心理と保育の専門家が伝える保育がもっとうまくいく方法
子どもの発達・保護者支援・セルフケア・外部連携

樋口隆弘 編著

幼稚園や保育園の仕事で直面する「困った」に対応する具体的な知識と方法を集約。保育者・心理職としての対応力が大幅に向上する。

A5判並製　定価（本体2700円＋税）

心理学でわかる発達障害「グレーゾーン」の子の保育

杉山崇 著

発達障害グレーゾーンの子の「困った！」に対処する具体的な方法と知識を徹底伝授。適切な理解と対応で大人も子どもも楽になる。

A5判並製　定価（本体1900円＋税）